# 幸福心理学
## 心理学家谈自我减压

邰启扬等 编著

旅游教育出版社
·北京·

策　　划：赖春梅
责任编辑：张　娟

**图书在版编目(CIP)数据**

幸福心理学：心理学家谈自我减压/邰启扬等编著．—北京：旅游教育出版社，2013.4
　（身边心理学）

ISBN 978-7-5637-2559-5

Ⅰ.①幸… Ⅱ.①邰… Ⅲ.①幸福—应用心理学 Ⅳ.①B82

中国版本图书馆CIP数据核字（2013）第039008号

身边心理学

**幸福心理学：心理学家谈自我减压**

邰启扬等 编著

| 出版单位 | 旅游教育出版社 |
|---|---|
| 地　　址 | 北京市朝阳区定福庄南里1号 |
| 邮　　编 | 100024 |
| 发行电话 | (010) 65778403　65728372　65767462(传真) |
| 本社网址 | www.tepcb.com |
| E-mail | tepfx@163.com |
| 印刷单位 | 北京中科印刷有限公司 |
| 经销单位 | 新华书店 |
| 开　　本 | 787mm×960mm　1/16 |
| 印　　张 | 14.5 |
| 字　　数 | 182千字 |
| 版　　次 | 2013年4月第1版 |
| 印　　次 | 2013年4月第1次印刷 |
| 定　　价 | 39.00元 |

（图书如有装订差错请与发行部联系）

# 序

幸福，人类永恒的追求，众生理想的彼岸。

幸福是什么？幸福由幸福感来标示，它是人们对生活充满乐趣并感到满足，进而生成的持续久远的愉快心情。可见，幸福指数是由心理因素决定的，它与你的社会地位、财富值并无关联。

经过三十年的改革开放，中国人在地球村里的政治、经济地位与话语权得到极大的提升，物质生活水平更是发生翻天覆地的变化。可我们的幸福感却似乎在降低，为什么？

天底下没有免费的午餐，我们要为自己得到的那一切买单——付出心理上的代价！在经济高速发展、社会剧烈变迁的现代社会中，压力重重、心态失恒导致了各种心理问题与心理疾病的出现！

于是，调整心态、缓解压力，应对林林总总的心理问题是现代人无法回避的课题，是我们走向幸福之路必须扫清的障碍。

本书以调适心理压力为话题，以提升幸福指数为目的。第一部分"原来如此"，让你把心理压力看个明明白白，真真切切；第二部分"对号入座"，列举种种压力表现，深入分析、提出对策，让你清晰地确定自己的压力类型；第三部分"减压良方"则是精选若干减压技术，让你可以"择其善者而从之"。

通过自己的认识，调动自己的力量，是解决自身压力问题、心理问题的最佳选择。因为，这个世界"从来就没有什么救世主！"

我们，也只是为你提供一些技术性的咨询。

是为序。

邰启扬

2013.2.25

## 本书编著者

邰启扬
朱　曦
殷　瑛
王　洁
赵修文
姚　琦

### 第一部分　原来如此

一、流行词：鸭梨山大 / 002
二、为什么现代人压力那么大 / 006
三、三种压力状态 / 009
四、真压力与伪压力 / 014
五、压力自测 / 016
六、压力还会上瘾 / 019
七、警惕消极减压方式 / 021

### 第二部分　对号入座

一、我是混得最惨的人 / 030
二、付出得太多太多 / 033
三、压力太重，我想逃 / 039
四、不工作多好啊 / 042
五、为什么升职的不是我 / 046

六、期望过高导致失落 / 050

七、我不知道该怎么选 / 053

八、身陷沼泽的"拖拉机" / 058

九、涨薪水的事黄了 / 062

十、那无边无际的欲念 / 066

十一、为什么"我不行" / 071

十二、迷失了自我 / 075

十三、性骚扰——难以启齿的痛 / 078

十四、他总是比我强 / 082

十五、升职后的烦恼 / 087

十六、完美情结在作祟 / 089

十七、自卑——低到尘埃里的心 / 094

十八、目标不明确的茫然 / 101

十九、"高配置"让我力不从心 / 105

二十、假想中的敌人 / 109

二十一、心灵背上沉重的十字架 / 112

二十二、从白领到剩女 / 116

二十三、我不想做一只职场羔羊 / 121

二十四、工作轻松了,心里却失落 / 125

二十五、处处小心的她 / 128

二十六、我的角色是什么 / 131

二十七、擦肩而过的机会 / 134

二十八、风暴之夜谁能安眠 / 138
二十九、能力决定压力大小 / 141
三十、清高 OR 情商低 / 144
三十一、这山看到那山高 / 147
三十二、就怕与人接触 / 152
三十三、我成了时间的奴仆 / 157

## 第三部分　减压良方

一、呼吸减压法 / 162
二、放松暗示减压技术 / 165
三、意象冥想 / 172
四、本森放松法 / 176
五、静坐减压 / 177
六、发呆减压法 / 177
七、静默疗法 / 178
八、专注能力练习 / 180
九、按摩 / 182
十、芳香精油疗法 / 184
十一、宣泄减压 / 185
十二、积极的自我暗示 / 189

# 幸福心理学 目录 contents

十三、阅读减压 / 190

十四、音乐减压 / 192

十五、唱歌 / 195

十六、《江南 style》/ 196

十七、参与体育活动 / 197

十八、有效管理时间 / 199

十九、食物减压 / 202

二十、咀嚼减压 / 205

二十一、学会休息 / 206

二十二、干点手工活 / 208

二十三、与家人欢聚 / 209

二十四、与朋友交往 / 212

二十五、做爱 / 214

二十六、泡吧 / 216

二十七、购物 / 217

二十八、泡澡 / 218

二十九、打扮自己 / 219

三十、度假 / 219

三十一、养宠物 / 222

三十二、漫步森林 / 223

幸福心理学：
心理学家谈自我减压

# 第一部分
## 原来如此

# 一、流行词：鸭梨山大

"鸭梨山大！"汉语中又增添了一个新词、一个流行词。它成为许多人的口头禅，在职场人士中广为传播。

呜呼！你是金领，你是白领，你衣着光鲜，工作体面，收入不菲，出有车、食有鱼，令人尊重、为人羡慕。你兢兢业业，业绩卓越，看起来前程无限光明。

然而，你最能领会《红楼梦》中王熙凤的一句话："大有大的难处。"

你的工作节奏太快；

你的工作量太重；

你的工作时间太长；

你的责任太大；

你没有时间给朋友打电话；

你不去参加同学聚会；

你没有时间真正地放松；

你没有时间和家人一起共享天伦之乐，甚至连性生活都成了一种责任而非享受；

如果度假，时间超过两天，你就觉得心烦意乱；

如果购物，匆匆游走于超市的各个货架，完全按照事先列好的清单购物，很少考虑别的东西；

想不起来上次没吃早餐是在什么时候；

……

尽管如此，你依然充满了担心——不断充电而担心落伍；企盼晋升而担心失业；渴望变化而又担心变化；向往未来而又担心未来。

你信奉年轻时用健康和时间换钱，年老时用钱换健康和时间的生活理念，但却发现，钱并没有赚够，而健康的体格却与你渐行渐远。

于是，你使用频率最高的词之一就是"忙"。而且越是忙的人就越是忙得厉害。你最常体验到的心理感受就是累，一种说不出滋味的累，那是心累。

你开始失眠，记忆力衰退，焦躁、忧虑、心悸、易怒、多疑、抑郁。你甚至对工作产生了厌倦的情绪，特别怀念童年、少年、青年时代那种物质生活并不丰富，但却轻松悠闲的快乐时光。

你可能想逃，对自己说："算了，别去想那些破玩意儿了。"可是，"那些破玩意儿"却剪不断、理还乱，才下眉头，又上心头。

有一部美国故事片，片名是《无处藏身》，这大约是当代金领、白领最生动的生活写照。

一系列名之为"枯竭"的症状在你身上表现出来了。在王奉德所著的《缓解生活压力》一书中是这样表述的：

幽默感减少。工作时没有办法开怀地笑，精神老是紧绷着。

忽略休息和饮食时间。一直没有时间喝杯水或吃午餐，以恢复精力。

加班且没有假期。对组织来说是不可缺少的人物，在休息的日子也不拒绝工作。

身体的抱怨增加。疲劳、易怒、胃不舒服，肌肉紧张且容易生病。

社会退缩。远离同事、同伴和家人。

工作绩效降低。缺勤增加、拖延工作、请病假、效率降低，生产力也减少。

自行服药。增加使用酒精、镇静剂和其他可以改变心情的药物。

内在的变化。情绪耗尽、丧失自尊、沮丧、挫折和愈陷愈深的感觉。

此外，枯竭的现象也可能具有消极、妄想、严厉、冷漠、寂寞与罪恶感及难以作出决定等特征。

关于职场压力这一社会现象的后果，相关组织与有识人士已经提出了警告。

世界卫生组织称工作压力是"世界范围的流行病"。

联合国国际劳工组织发表的一份调查报告认为："心理压抑将成为21世纪

最严重的健康问题之一。"企业管理者已日益关注工作情景中的员工压力及其管理问题。因为工作中过度的压力会使员工个人和企业都蒙受巨大的损失。

英国著名心理学家贝佛利曾说过："过度疲劳的人是在追求死亡。"

科技进步所形成的资讯饱和、全球化的加速、机能失调的办公室政治、工作过量等都是导致抑郁的主要因素。目前，抑郁症已成为继心脏病之后，第二种最能够使员工失去工作能力的疾病。如果不采取行动，精神和行为失调的快速增加足以使其在 2020 年之前超越公路意外、艾滋病和暴力，成为早夭和失去工作能力的主要因素。

还有一种疾病被称之为现代人心身症。即表现在外的是生理症状，但致病的根源却是心理因素。这些生理症状有高血压、消化性溃疡、过敏性大肠炎、支气管哮喘以及自主神经失调症等。近年来最受关注的现代人心身症就是"失去感情症"，具体表现是：想象力贫乏，精神有障碍，情感的感受和语言的表达被抑制，能清楚地叙述事实关系、却不能表达感情，和别人沟通有困难。有这种疾病的患者，看上去很正常，以为疾病是由生理因素造成的，但服药、打针或其他生化治疗方法，却难见成效。

美国心理学家协会最近公布的一项调查结果显示，65% 左右的美国就业人士内心的消极情绪占上风，这种情绪轻则表现为不满现状，深感疲惫；重则表现为不堪重负，患上严重的身心疾病。

在中国，北京易普斯企业咨询服务中心对中国 1576 名白领进行的一项关于工作压力的调查结果显示：有 45% 的人觉得压力较大；有 21% 的人觉得压力很大；有 3% 的人觉得压力极大，濒临崩溃。

由中国人力资源开发网发起的"2005 年中国员工心理健康"调查结果显示，有 25.04% 的被调查者存在一定程度的心理健康问题。

数据显示，中国约有 70% 的白领处于亚健康状态。

北京易普斯企业咨询服务中心对 IT 行业 2000 多名员工所做的调查结果表明：有 20% 的企业员工压力过高；至少有 5% 的员工心理问题较严重；有 75% 的员工认为他们需要心理帮助。目前，我国已经成为高自杀率的国家。卫生部曾经发表的研究报告指出，中国自杀率大约为十万分之二十三，远超过世界平均的十万分之十三。

还有调查表明，职业白领的健康指数正在下降。由于企业竞争压力的上升，成本和利润的控制中人力成本削减成了比较常用的手段。同样的工作量下，许多企业追求用人尽量少，效率尽量高。所以，这势必造成很多职业白领每天都几乎是满负荷的工作，他们的身体健康问题逐渐浮出水面。健康指数调查结果令人担忧：45.79%的被调查者明确表示对自己的身体健康状况十分担忧；有64.03%的被调查者表示不能经常参加体育锻炼和健身运动。而这些被调查者大多都处于青壮年期。

北京零点市场调查公司的一项调查结果显示，41.1%的白领们正面临着较大的工作压力，61.4%的白领正经历着不同程度的心理疲劳。白领们的健康状况令人担忧。

调查通过快速压力问卷对白领目前的工作压力大小进行了评估。结果显示，工作压力较大的人占调查总人数的41.1%，是工作压力较小的白领人数的两倍。由此可以看出，我国高速发展的经济使得目前相当一部分的白领面临着较大的工作压力。于是，压力成为大家普遍关注的话题。

许多老板看到员工加班加点，一直干到疲惫不堪，表面上装着同情与怜悯，心里却在偷着乐。哈哈！我管理有方，让他们都使出了最大的力气，工资钱可没白花。殊不知，这样的老板也是受害者之一。

美国官方的统计数据表明，每年因员工心理压力给美国公司造成的经济损失高达3050亿美元，超过500家大公司税后利润的5倍。

欧盟每年也因工作压力太大，丧失20%的劳动力。

英国所做的工作压力研究发现，由于工作压力造成的损失，达到他们国民生产总值的1%。根据官方统计数据估计，压力导致的疾病每年会使英国损失8000万个工作日，代价高达70亿英镑。

其他西欧国家的缺勤问题甚至更为严重。萨里大学研究人员从事的一项研究结果显示，葡萄牙、意大利和比利时的短期缺勤率最高，而荷兰、瑞典、葡萄牙和法国的长期缺勤现象最为严重，只有奥地利和爱尔兰的长期缺勤率明显低于英国。

就具体企业而言，员工压力大、身心累给组织造成的损害有：

员工的工作丧失主动性与创造性，企业也就丧失了活力；

工作中的事故与差错增多，将给企业造成直接经济损失；

与客户交往时，一个身心疲惫的人不会给对方留下良好的印象，也不会对客户表现出足够的、恰如其分的热情。这会对公司业务构成损害；

员工的病、事假会增多，离职率会提高。熟练员工的减少，对企业的消极影响也是显而易见的；

企业的凝聚力不可避免地会下降；

……

"再也不能这样活，再也不能这样过。"做出积极的改变，巧妙地应对过于沉重的压力，从根本上改变身心疲惫的状态，是职场人士刻不容缓的课题！

## 二、为什么现代人压力那么大

其实，哪个年代的人都有压力。据宋人尤袤《全唐诗话》记载：白居易十六岁时从江南到长安，带了诗文谒见当时的大名士顾况。顾况看到白居易的名字，和他开玩笑说："长安米贵，居大不易。"后来人们用此典来比喻居住在大城市，生活不容易维持。为什么现今的中国人感到压力特别大呢？从宏观的角度看，有以下几个原因。

其一，现代化的代价。近三十年，中国经济发展突飞猛进，物质生活水平大幅提高，为世人所瞩目。可以这么说，现代世界经济史最大的经济奇迹就发生在中国。三十年前，任何一个中国人做梦也不会想到，我们的祖国会在三十年后成为世界第二大经济体；自己在有生之年会拥有一辆私家车，会拥有一套甚至两套属于自己的很不错的公寓房。而这些，现在都已成为了现实。当我们享受拥有这一切的喜悦之情时，可否想到，得到这一切是要付出代价的！

笔者从事心理学工作多年，有一回，朋友介绍来一个人，说她有抑郁症，要我给她做做心理咨询。这是一个非常漂亮的女人，年纪三十岁左右。二十分钟的交谈后，我知道了这个女人的身份——二奶。她向我倾诉她的郁闷与烦恼，说：那个男人过年过节从不在她这里，那个男人在她那里的时候只要接到老婆的电话拔腿就跑，还有就是那个男人把她带出去与朋友聚会时，别人看她的眼光总是有些鄙视，至少她是这么感觉的。我对她说，你没有心理疾病，你只是为所得到的这一切付出了必要的心理代价而已。这么说吧，就拿我跟你比，你的年龄肯定没我大，估计文化知识、学历职称也不比我高，凭什么你开的车比我好？住的房比我大？我整天劳碌奔波，而你却是养狗、美容、打麻将。你以为这一切可以平白无故得到吗？不！你要付出代价，沉重的心理上的代价。如果你还想享用目前的所有，那你就得认命；如果你想摆脱心理上的纠结，很简单，凭你这年龄，凭你这长相，要找一个日夜相伴、名正言顺、年龄相当的男人太容易了。可是他不能给你如此高的物质享受，他会要求你去工作，工作之余还要做家务活，你能接受吗？

二奶无语，她没有病，只是面临一个艰难的抉择。

也许有人会说，她干的事登不上大雅之堂，所以付出了代价。不过，正当的事情同样要付出代价。在这个问题上，没有正邪之分。

用"名利双收"来形容姚明可能再恰当不过了。虽然姚明挣的都是阳光下的钱，甚至连绯闻都没有过，但他也要为自己的所得付出代价。据说姚明最喜欢到上海城隍庙吃小笼汤包，这个要求太不过分了，可对姚明来说却是个奢望。为什么？因为姚明在上海几乎出不了家门，他一出门就有人要合影、要签名，不要说他自己走不了，大约交通也堵塞了。姚明无奈地说：那些歌星、影星还可以化装呢，我又没法化装。

没办法，姚明什么坏事也没做，也要为自己的所得付出代价。

是的，世界上没有一项所得是不需要付出代价的，一句亘古不变的至理名言就是"天底下没有免费的午餐"。如果再对这句话做些补充与细化，那就是午餐的质量决定着你付款的额度。中国成为世界第二大经济体，我们每个人的生活都富裕起来了，过去我们的肚子里没有油水，现在嫌油水太多而整天嚷嚷着要减肥。你可曾想过，当你得到这一切的时候，需要付出代价，而且必须是相应的代价。物质生活的极大丰富是因为经济的高速腾飞,经济高速腾飞期的生活方式必然是高速度、快节奏;经济高速腾飞期的基本法则一定是竞争激烈,进而挫折频生。

于是,我们每个人不得不承受比过去高得多的压力。没办法,甘蔗没有两头甜。

其二,社会及个人生活不确定性倍增。近三十多年的中国社会,悄然经历了一场由传统社会到现代社会的华丽转身。传统社会最重要的特点之一是"稳定",一个人从出生到死亡,其生活道路与生活方式几乎可以预见。而现代社会最重要的特点之一是机会多多,可能性多多,挫折也多多,一言蔽之,生活的不确定性大大增加了。典型的美国精神是这么两句话:每个人都可能成为美国总统,每个人都可能成为百万富翁;美国为你提供机会,但不保证你成功。过去大学生由国家分配工作,派你到哪里就到哪里,要你干什么工作就干什么工作,你可能感到不自由。现在大学生自主择业,你想干嘛就干嘛,但你可能找不到工作,或者找不到称心如意的工作。过去同年龄、同类型人们的收入几乎没有差别,现在却是"同学于寒窗之下,几年后收入有天壤之别"。你可以跳槽,也可能被辞退。

总之,不确定性的倍增必会导致焦虑状态的生成,因为焦虑的本质就是对前景不确定性的担忧。焦虑来了,心理压力就不可避免了。

其三,个人欲望的膨胀。改革开放,打开了国门,更打开了我们的眼界。我们看到的更多,我们想得到的也更多,而我们所得到的远远没有我们看到的、想得到的那么多。这时,我们的心理就不平衡了。于是,心理压力不期而至。

其四,自我关注度的增加。人本主义取向已成为一股世界性的潮流,"以人为本"的理念已经深入人心。与此同时,我们对自身的关注度也与日俱增,我们关心自己的身体,也关心自己的心理。这种关注自然有积极一面,但关注本身尤其是过度关注也会形成一种新的压力源。我们在咨询实践中常常发现,有些深感压力沉重的人在科学测试后发现他们的压力并不是很大,他们的压力很大程度上来自于过度的自我关注。

# 三、三种压力状态

提起压力,人们都认为这是一个负面的心理现象,其实不然。心理学家对压力做出的界定是:任何令个体感到紧张的刺激都可称之为压力。压力与紧张在心理学中都属于中性词,也就是说,它既有消极的一面,也有积极的一面。

所以,压力可以分为三种状态:

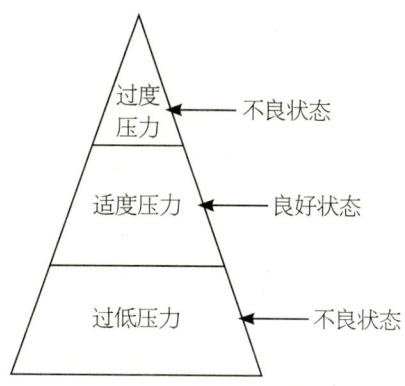

## 1. 过低压力

许多人有一种期待:要是没有压力,这世界该有多么美好!

你错啦!没有压力并不是一件好事,不仅不是好事,而且是一件很可怕的事。不信吗?举个例子你就全明白了。高血压好吗?不好!低血压好吗?也不好!要是没血压呢?那就玩完了。压力也是如此,如果你完全没有压力,基本就玩完了。世界上只有两种人没有压力,一种是死人,一种是白痴。

毫无压力肯定是坏事;压力过低,一点都不累,也不是好事。

没有压力,你会改变自己吗?

没有压力,你会想要进一步充实自己吗?

没有压力,你会有奋进的动力吗?

没有压力之时，空虚感、失落感又会袭来，那滋味好受吗？

没有压力，不就从另一个侧面说明你是个没价值的人吗？

古人云："兴一利必有一弊。"

我们说，有一失必有一得。

生活中，尤其是工作中，没有压力是不可能的，没有压力也会使一切变得索然寡味。

如果让你每天做小学一年级的题目，你肯定会做，也肯定能做对，但你会有成就感吗？你会因没有压力而感到开心吗？

你会感到很无聊，有一种不知是被别人还是被自己愚弄的感觉。

**2. 适度压力**

别把压力都说成是负面的影响，适度的压力，其积极作用实在不可低估。适度压力是指时间不长、刺激不大，尤其是能让人最终体验到兴奋度提高与成就感增加的那种压力。

理由之一：

作为人们面对威胁时产生的一种原始的"战斗或逃跑"反应，压力在开始的时候起着积极作用，可以增加人的活力、提高警觉性，使人的思考和行动变得更加敏捷。作为一种生理和心理过程，压力可以应付不确定的变化和危险。

理由之二：

适度的压力锻炼人，能提升人的适应能力和创新能力。心理学家是这么认定人类心理发展的动力的：社会向人们提出的要求所引起的新的需要与其原有心理发展水平之间的矛盾，是人们心理发展的内因或内部矛盾。这种内因或内部矛盾就是心理不断向前发展的动力。如果没有来自外界的压力，人类自身就不能向前发展。从这种意义上讲，压力就是一种积极力量。个体尽管遇到了压力，适应能力却提高了。压力还可以促使个体向更高的目标前进。这种情形可以从婴儿期到青春期的发展过程中看到：他们从努力学会走路到努力谋生的整个成长过程都是由某种程度的压力促成的。因此，在个体的成长过程中，压力是必不可少的，是生活的一部分，是适应生活的基本条件。

理由之三：

适度的压力能使人处于应激状态，神经处于兴奋，让个人认识到改善自我的机会，以更加努力的姿态、更高的热情完成工作，如此便有助于业绩改善。压力感偏低，可能就很难充分调动我们的积极性来主动地对待工作以及工作中的机遇和挑战。

理由之四：

适度的压力有助于人类潜能的开发。世界上的自然资源（如石油、煤炭）总有一天会消耗殆尽，当这些资源用完了之后，人类是否会面临增长的极限？人们曾经为此而忧心忡忡。不过，很快这个担心就消除了。因为科学家们发现，人类本身蕴藏着巨大的潜能，并且取之不尽，用之不竭。学者们估计，现在人类的潜能利用率最高为百分之五，最低为千分之一，绝大多数人只利用了百分之一。想象一下，如果大多数人的潜能开发了百分之二，这世界将会是一个什么样的格局？即便达到了百分之二的潜能开发，那还有百分之九十八的潜能没有被利用。开发潜能的方法多种多样，但不管是什么方法，其前提条件就是要有适度的压力。因为，人类还有另一种本能，那就是惰性。

理由之五：

一个更为令人震惊的研究成果认为，压力疗法是一种新的抗衰老办法，不仅可以延长寿命，还能美容。

丹麦奥尔胡斯大学细胞衰老实验室的莱坦教授在进行一个试验时发现，让试管中的皮肤细胞每周 2 次、每次 1 小时暴露在 41 摄氏度的空气里，结果这些细胞的形态更好，被破坏的蛋白质的数量明显减少，同时，它们也更不易受紫外线的影响。

虽然 41 摄氏度是人体发烧时才能达到的体温，但在人感到有压力时，体温同样会上升，也能起到相似的美容、抗衰老作用。

英国隆格维提社区的医疗主任摩尔斯·莱兹斯博士指出，身体衰老多从 35 岁开始，所以 35 岁之后要寻找合适的压力感来刺激身体进行自我调整。

乍看上去，这话不好理解，也难以接受。其实，我们只要看一看生活中的一个现象就全明白了。考察一下你身边的两个人，他俩都是在六十岁时就退休了，但这两个人选择了不同的生活方式。一个回家享清福，不干什么事，也不操什么心；另一个继续找了一份工作。五年以后、十年以后，哪一个看上去更年轻？更有活力？身体更健硕，思维更敏捷？无疑，那是后者。这就是压力可以抗衰老，可以延长寿命，还能够美容的生动例证。

### 3. 过度压力

过度压力会导致一系列的生理、心理问题。在生理上，压力会导致免疫系统机能下降，抵抗病毒、细菌的能力降低；心血管系统超负荷，导致高血压和心脏病；骨骼肌肉长期紧张，造成腰酸背疼；不规律的饮食使得消化系统紊乱，容易腹泻或便秘。在心理上，高压力一般容易使人产生愤怒、焦虑、抑郁等负面情绪。

北京易普斯企业咨询服务中心首席顾问张西超博士指出，职场压力过大，不管是对个人还是对社会，都会造成很大的危害。对于个人来说，压力过大，就会出现血压增高、肠胃失调、溃疡、易意外受伤、身体疲劳、心脏疾病、呼吸问题、汗流量增加、皮肤功能失调、头痛、肌肉紧张等生理变化，而各类癌症、情绪抑郁、自杀等现象都和压力有着很大的关系。

北京东明成功人生心理咨询中心执行主任赵劭认为，压力对个人工作的负面影响主要表现为：工作效率降低，对工作缺乏兴趣，与上下级或同事关系不良，工作失误增加等。而压力给个人生活带来的主要影响表现在两方面，即生理失调和心理困扰，严重者出现生理疾病和心理障碍，甚至有生命危险。

心理学家杜文东说，高强度工作的人肯定会遭遇危机期和受创期。危机期时很可能会患上比较严重的疾病，致使工作间断性停止，情绪和社会关系受损。而到了受创期，劳动者要么必须暂时终止工作，严重的则无法继续职业生涯，更有甚者会导致过劳死。这样的结果于己、于家人、于社会都不利。没有高质量的社会生活，就不会有高质量的工作成绩。

还有学者指出：压力会引起生理异常，与心脏病高度相关。许多研究发现，从事某些职业的人，如医生、律师、法官、机械工程师、出租汽车司机等，特别容易患心脏病。因为承担威胁大的工作的人通常需要对他人高度负责，劳动强度高，有很强的时间紧迫感，在各种压力下，常常发生任务冲突。这些压力（职业压力）与心脏病相关。另外，研究人员也发现压力与癌症有联系。尽管很难精确描述压力对健康的影响，但大量的疾病与压力有关的事实却是毫无疑问的。

美国耶鲁大学心理学家布鲁斯·麦克尤恩在 1993 年对压力与疾病的关系作了评述，他列举了压力造成的种种后果：损害人体免疫机能，甚至加快癌细胞的转移；增加病毒感染的可能性；加剧血小板沉积，导致动脉血管硬化；加快血栓形成，导致心肌梗塞；加速 I 型和 II 型糖尿病的发作；引起哮喘病或使其病情恶化。此外，压力还可能导致胃肠道溃疡，引起溃疡性结肠炎或肠道的其他炎症。持续压力对大脑也会造成影响，包括损害大脑的海马回，进而影响记忆。麦克尤恩说，总的来看，有越来越多的证据表明，压力会使神经系统受到损害。

压力的负面作用已经很可怕了，但更为可怕的是许多金领、白领欠缺对压力相关知识的了解，有些人实际所承受的压力强度已经非常大了，但他们对自身所受的压力知之甚少。当开始觉得压力过大时，压力长期潜在的影响非常容易导致他们的情绪或精神突然崩溃。

张西超指出："有些人根本就不清楚自己身体垮了，生理机能严重枯竭，甚至发生烦躁、手抖、睡眠不好、食欲不振等，以上都和压力有关系。"

这里，我们还要说一句，过度压力虽有种种弊端，但人在其一生之中，想要完全避开它几乎是一件不可能的事情。就像自然灾害一样，谁也不希望它出现，但它还是一定要出现。对此，要有心理准备。再则，心理学认为，一个成熟的人一定是一个经历丰富的人，人们在描述一个成功人士时常用一个词"饱经风霜"，什么是"饱经风霜"？那就是吃过很多苦头，经历过多种艰辛，承受过重压。所有的人都不期待自己承受过重的压力，但一生当中完全没有这种经历多少也有点缺憾。

## 四、真压力与伪压力

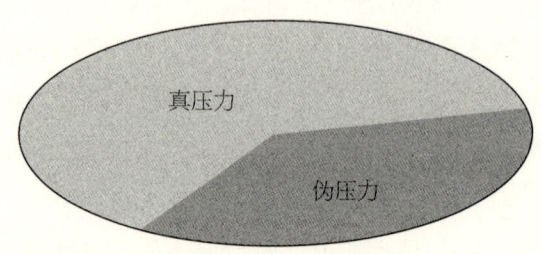

几乎所有人都认为压力都是来源于外部世界的,都是客观存在的。不对!有相当一部分压力属人为制造。前者,我们称之为真压力,后者则是伪压力。

典型的真压力有:

恶劣的物理环境;

遭遇不可抗力;

发生重大社会变故;

个人生活发生重大变化;

过于沉重的工作指标;

……

典型的伪压力有:

绝对化的观念;

完美主义情结;

过于膨胀的欲望;

心情太急切;

不良生活习惯;

错误减压方式所导致的更为沉重的压力;

……

除了上述伪压力之外,还有两种关于压力的错误心态也是导致伪压力生成的重要原因。

一是认为自己不该遇上压力,一旦遇上了,便以消极的心态去面对它。对于现代人来说,面对压力要有足够的心理准备,要充分认识到现代社会的高效率必然带来高竞争与高挑战,对于由此产生的负面影响要有心理准备,免得临时惊慌失措。

同样一件事,以积极的心态或消极的心态去面对,结果会截然不同。

大作家雨果有句名言:"思想可以使天堂变成地狱,也可以使地狱变成天堂。"

这句话的意思是,同样的事件,不同的思想会有不同的看法,从而导致不同的结果。

是的,同样的世界在不同的人眼里是不同的样子。工商界人士最怕听到的一个词是"市场萧条"。可日本的经营之神松下先生却说:萧条是个机遇。松下公司每次腾飞的起点时间都是市场萧条的时候。因为在这个时候,管理改革、产品更新、技术进步所面临的障碍最小。

心理学家说,在人类的天性中,原本有一种寻求发展和自我实现的需求。面对压力,如果你选择的态度是"我能行",那你就会少一点失败,多一点成功。

罗曼·罗兰在其名著《约翰·克利斯朵夫》中激情澎湃地写道:"人生是一场无尽无休且无情的战斗,凡是要做个能够称得上强者的人,都在时时刻刻同无形的压力作战,那些与生俱来的致命的恶习、欲望、暧昧的念头,使你堕落、使你自行毁灭的念头,都是这一类的顽敌。"

如此这般看待压力,压力感是否会轻一些?

二是误以为自己是世界上压力最大的人。

"顾影自怜"是人类普遍存在的心态。

于是,人类常犯的一个错误就是把自己的痛苦看成是世界上最大的痛苦,把自己的不幸当成最大的不幸。

说说笔者的一次亲身经历。

有一次,我腰痛得厉害,夜里想上厕所都起不来,靠别人的帮助才勉强如厕。当时我在想,得什么病不好,干嘛得个起不来的病?

第二天,我到医院去看病。有个熟悉的医生在骨科病房,我就没去门诊,直接到了病房。找到他后,他让我等一下,说查完房后给我瞧病。

于是,我就在医生办公室等着。

这时,隔壁不断传来一位女性凄惨的哭声。我的腰本来就疼得难耐,听到这声音心里更是烦。我问护士:"谁在哭?为什么哭得这么惨?"

护士告诉我:"是个郊区的女孩,要结婚了,进城办嫁妆的,在路上被车撞了,骨盆粉碎性骨折。他男朋友看到她这样,也不要她了。"

不知什么原因,听了护士小姐的这番话,我突然感到腰痛好了许多,真的,不那么疼了。出于职业的习惯,我在分析我自己。

为什么会这样呢?

原来,我觉得我的痛苦令人难耐,但与这个女孩相比较后,简直算不上什么。我是一时之痛,人家可是终身之残;我只是生理上有痛苦,人家不仅在生理上要比我痛苦得多,而且心理上还有个大创口。

比起别人,我是一个幸运者。

我们肯定有压力,可有的人压力比我们大得多;我们也会有烦恼,但世界上人人都有烦恼(白痴除外),而且比我们烦恼大的人、比我们烦恼多的人不可胜数。

如你能这样想,你会突然发觉,肩头的重担卸了下来,心里会感到一阵轻松。

# 五、压力自测

不是所有人都需要减压,也不是所有需要减压的人都采用同样的方式、同样的力度去减压。准确地了解自己的压力状况,可为是否需要减压提供科学的依据。

## 心理压力（PSTR）自测

请仔细考虑下列每一个项目，看它究竟有多少适合你，然后根据下面发生的频率对每一个项目进行评分，再将每个项目的评分加总。

总是——4分，经常——3分，有时——2分，很少——1分，从未——0分

| | |
|---|---|
| 1 | 我受背痛之苦。 |
| 2 | 我的睡眠不定，且睡不安稳。 |
| 3 | 我有头痛。 |
| 4 | 我颚部疼痛。 |
| 5 | 若须等候，我会不安。 |
| 6 | 我的后颈感到疼痛。 |
| 7 | 我比少数人更神经紧张。 |
| 8 | 我很难入睡。 |
| 9 | 我的头感到紧痛。 |
| 10 | 我的胃有病。 |
| 11 | 我对自己没有信心。 |
| 12 | 我对自己说话。 |
| 13 | 我忧虑财务问题。 |
| 14 | 与人见面时，我会窘迫。 |
| 15 | 我怕发生可怕的事。 |
| 16 | 白天我觉得累。 |
| 17 | 下午我感到喉咙痛，但并非忧郁、得了感冒。 |
| 18 | 我心情不安，无法静坐。 |
| 19 | 我感到非常口干。 |
| 20 | 我心脏有病。 |
| 21 | 我觉得自己不是很有用。 |
| 22 | 我吸烟。 |
| 23 | 我独自一人时感到不舒服。 |
| 24 | 我觉得不快乐。 |
| 25 | 我流汗。 |
| 26 | 我喝酒。 |
| 27 | 我很自觉。 |
| 28 | 我觉得自己像被撕扯得四分五裂。 |
| 29 | 我的眼睛又酸又累。 |
| 30 | 我的腿或脚抽筋。 |

续表

| 31 | 我的心跳过速。 |
|---|---|
| 32 | 我怕结识人。 |
| 33 | 我手脚冰凉。 |
| 34 | 我患便秘。 |
| 35 | 我未经医师指示使用各种药物。 |
| 36 | 我发现自己很容易哭。 |
| 37 | 我消化不良。 |
| 38 | 我咬指甲。 |
| 39 | 我耳中有嗡嗡声。 |
| 40 | 我小便频繁。 |
| 41 | 我有胃溃疡。 |
| 42 | 我有皮肤方面的病。 |
| 43 | 我的喉咙很紧。 |
| 44 | 我有十二指肠溃疡。 |
| 45 | 我担心我的工作。 |
| 46 | 我口腔溃烂。 |
| 47 | 我为琐事忧虑。 |
| 48 | 我呼吸浅促。 |
| 49 | 我觉得胸部紧迫。 |
| 50 | 我很难做决定。 |
| 你的得分 _____ | |

得分与压力程度对照表

| 分数 | PSTR 压力程度分析 |
|---|---|
| 93 或以上 | 表示你确实正以极度的压力反应在伤害自己的健康。你需要专业心理治疗师给予一些忠告，他可以帮助你消减对于压力的知觉，并帮助你改良生活的品质。 |
| 82～92 | 这个分数表示你正经历太多的压力，这正在损害你的健康，并令你的人际关系出现问题。你的行为会伤害自己，也可能会影响其他人。因此，对于你来说，学习如何减除自己的压力反应是非常重要的。你可能必须花很多的时间做练习，学习控制压力，也可以寻求专业人员的帮助。 |
| 71～81 | 这个分数显示你的压力程度中等，可能正开始对健康不利。你可以仔细反省自己如何对压力做出反应，并学习在压力出现时，控制自己的肌肉紧张，以消除生理激活反应。好老师会对你有帮助，要不然就选用适合的肌肉松弛录音带。 |

续表

| 分数 | PSTR 压力程度分析 |
| --- | --- |
| 60～70 | 这个分数指出你生活中的兴奋与压力量也许是相当适中的。偶尔会有一段时间压力太大，但你也许有能力去享受压力，并且很快地回到平静状态，因此对你健康并不会造成威胁。做一些松弛的练习仍是有益的。 |
| 49～59 | 这个分数表示你能够控制你自己的压力反应，你是一个相当放松的人。也许你对于所遇到的各种压力，并没有将它们解释为威胁，所以你很容易与人相处，可以毫无惧怕地担任工作，也没有失去自信。 |
| 38～48 | 这个分数表示你对所遭遇的压力很不易为其所动，甚至是不当一回事，好像并没有发生过一样。这对你的健康不会有什么负面的影响，但你的生活缺乏适度的兴奋，因此趣味也就有限。 |
| 27～37 | 这个分数表示你的生活可能是相当沉闷的，即使刺激或有趣的事情发生了，你也很少有反应。可能你必须参与更多的社会活动或娱乐活动，以增加你的压力激活反应。 |
| 16～26 | 如果你的分数在这个范围内，也许意味着你生活中所经历的压力经验不够，或是你并没有正确地分析自己。你最好更主动些，在工作、社交、娱乐等活动上多寻求些刺激。做松弛练习对你没有什么用，但找一些辅导师也许有帮助。 |

得分在 93 以上者，通常已经表现出或潜在具有这样那样的心理疾病。需要得到专业心理咨询工作者的个别指导。

得分在 82～92、71～81、60～70 三个区间的人，有着不同程度的过度压力，需要进行调节。

得分在 49～59、38～48 两个区间的人，说明你的压力状况良好。

得分在 27～37、16～26 两个区间的人，压力感不足。请注意，这不是什么好事。它说明你的生活相当沉闷，并且个人也缺乏进取心。

# 六、压力还会上瘾

这话听起来有点怪怪的。谁对压力都是避之唯恐不远，怎么还会上瘾呢？是的，会上瘾的。生活中我们常常看到这样的金领、白领。他们一边抱怨太苦、太累，一边又不停顿地谋划新的项目，建立新的目标，做出新的举措。为什么会这样呢？原因如下：

其一，将压力等同于地位。在当今社会，"忙不完地忙"已经升级为一种终极社会地位的象征。你忙，说明你很重要，很有价值。你不忙，说明你实在混得不怎么样。波士顿女性健康中心的专家指出，美国妈妈们总是把忙碌当作一种成就，如果做不到，就会产生挫败感。

其二，在无意识之中，将压力作为冲抵生活中孤独感、抑郁感的一种手段、一种工具，尽管自己也知道使用这种手段与工具的代价。

其三，有压力便有了资本。有了压力，你可以对人发牢骚，可以对人撒娇，可以得到他人的重视、怜悯、关爱。

其四，承受压力已成为一种生活习惯。听说过古代戏剧《法门寺》中有个贾桂吗？别人让他坐下他不肯，要站着。原因是：站惯了，坐下倒不习惯了。同样道理，把承受压力当成一种生活习惯的人，突然打破已经习惯了的忙碌节奏和压力惯性，反而会不知所措，甚至产生失落感。

压力之所以会让人上瘾，源于其自身的"诱惑力"。具体来说，压力之下，你尽可以对着别人发牢骚，而且这种感觉相当好。当我们向某个忙碌中的女性询问事情进展如何的时候，通常都会得到这样的回答——"别问了吧。"这句话背后透露的意思就是：我很辛苦，非常辛苦！如果我们对她表示赞赏或同情的话，不管承不承认，她们都能从你的表态中得到宽慰和满足。这种时候，她们最想听到和看到的就是，"唉，真可怜！"，或者一边摇头一边自叹不如。

在网上读到一篇文章：《压力上瘾的12种症状》。

读第一遍的时候先把它们当成笑话来看，然后再读一遍看看这些情况是否也曾出现在自己身上。如果符合的答案超过两项，那就说明你可能已经对压力产生依赖，应该警惕这种生活方式对自己身心健康可能造成的不良影响。也许你应该适当放缓生活节奏，关心一下自己的需要和想法了。

1. 如果度假时间超过两天，你就觉得心烦意乱；
2. 原本全家人一起看电视的晚上，你却缩在床上，拿着各大商场的优惠券上网搜罗各种促销咨询；

3. 朋友聚会之前，你翻出家庭相簿绞尽脑汁地考虑如何将其编辑成具有外交水准的家庭宣传册；

4. 想不起来上次没吃早餐是在什么时候；

5. 想不起来上次没吃午饭或晚饭是在什么时候；

6. 你的小孩能在5秒钟内把一天的活动内容都描述出来，"学校不错，数学测验成绩不错，小明告诉我球赛是在周日。"

7. 即使身处激情时刻也从来没产生过任何激情幻想，因为脑子里总惦记着明早如何收拾厨房；

8. 你匆匆游走于超市的各个货架，完全按照事先列好的清单购物，很少考虑别的东西；

9. 你把睡前浏览日程表视为一种放松；

10. 如果不在纸上记下"喂狗"一项，铁定会忘记；

11. 生日的时候老公送你一台iPod，至今还被原封不动地放在盒子里，因为你根本没时间下载歌曲；

12. 你的处事原则是：当你可以打电话跟医生做预约或者锻炼手臂曲线的时候，为什么要用来散步和嚼口香糖呢？

作者：佚名

# 七、警惕消极减压方式

有少数人使用了不适当的减压方法，结果是压力变得愈来愈重，由压力及不当减压方式引起的负面作用也愈来愈大。

当压力来临的时候，当人们感到不堪重负的时候，会本能地使出种种招数来缓解压力。有些人使用的招数是科学的、有益的、有效的；但也有为数不少的人用的是昏招，结果是：抽刀断水水更流，事情会搞得愈来愈糟，压力会变得愈来愈大，因此，有必要予以高度警惕。下文将列数这些昏招以及对策：

1. **昏招一：消沉**

消沉是指一种以持续的心境低落为特征的情绪失调状态。

消沉实际上是被挫折击倒，被压力打垮后的情绪反应。在这里，他们已经承认自己是失败者了，对于种种主观的与客观的压力情境，已表示无力抗争了。虽然他们自己嘴上说的是另外一套，诸如"达则兼济天下，穷则独善其身"，遁隐山林，乃高人所为；追名逐利，是小人之举；看破红尘，是精神的升华……总之，用许多自我安慰的话来骗自己。

万念俱灰、沮丧颓丧、浑浑噩噩、萎靡不振是他们常见的表现形态。结果是，他们没有成为高人，却成了逐渐被社会淘汰的人；他们也并非不想东山再起，只是没有这种勇气，久而久之，也没了这种能力；他们在心底暗自羡慕着那些成功者，却又不敢也不好意思在嘴上说出来，真是痛苦得很！

**对策**

其一，认识到这是一种无用也无益的情绪。它除了使你心理上备受煎熬和让你的境况越来越差之外，再也没有别的可能性了。唯一的选择是从这种状况中走出来，并且愈早愈好。还有一点要说的是，现代社会根本没有什么山林可供你遁隐，你现在想弄个农村户口还真不容易。况且走到哪儿都有竞争。

其二，不要自己骗自己。骗别人还可以理解，到了骗自己的时候，尤其是长期骗自己，这种人生十分危险。消沉无非是想逃，可你扪心自问，你逃得了吗？既然逃不了，不如去积极抗争。

其三，要有坚定的理想、信念与抱负。失去了这些，也就失去了生活的支柱与奋斗的动力。人一定要有所寄托，有寄托才有生活目标，有了生活目标就有了抗争的勇气。

其四，分析导致自己消沉的原因。消沉的原因无非是失败与压力。好的，退一步说，我们就承认这一次我输了，在压力面前我扛不过去了，但我又何必消沉。难道我次次会输吗？难道我次次在压力面前都扛不过去吗？不会的，只要我们努力，只要我们找对努力的方向，我们肯定有赢的那一天。而消沉了，倒是一切全完了。古人言："没有场外的举人。"意思是说，你都没有去考试，哪里有中举的可能性？

### 2. 昏招二：投射

投射作用是指将自己内心存在的某些不被社会所接受的欲望、冲动或思想观念，转移到别人身上，说自己没有而别人有这种欲望、冲动或思想观念，以此来逃避自己心理上的不安。"以小人之心，度君子之腹"便是典型表现。

这种消极心态常由单位里复杂的人际关系所引起，引起以后又进一步破坏人际关系。

我们大家都清楚，在工作中，很大一部分压力来自于人际关系的不和谐。当两个人发生冲突以后，人们通常都把对方的行为理解为是蓄意的、恶意的。职场中的人常叹曰"江湖险恶，人心险恶"。其实，有时情况并没有我们想象中的那么坏。人际冲突中有相当一部分是因为误会引起的。但是，如果我们自己心中有鬼，心理阴暗，凡事往坏处想，做人往恶处做，却认为别人也是如此，似乎自己得到了心理的平衡，但事情会愈搞愈糟，关系会愈来愈坏，你的压力也会愈来愈大。

**对策**

其一，建立一个基本的判断：这个世界上有好人，也有坏人，但好人总比坏人多。不可能你所遇到的全是坏人，如果你是这么认为的话，那只能说明你就是坏人。

其二，不要把别人的所言所行，都往"恶"的方向、"坏"的方向去理解，别人没有那么坏，至少说没必要那么坏。其实你这么理解是反映了自身的心态。

其三，请警惕！如果你有这种消极心态，不仅会增加虚幻的压力，而且会导致一系列的心理与生理病变。

请尽早改变这种心态，相信："人之初，性本善。"

### 3. 昏招三：推诿

推诿就是在自己受挫时，将自己的受挫原因完全归之于外部世界、归之于他人，以此摆脱心灵上的内疚。项羽兵败垓下，自刎乌江，到了这个时候，他还是没有真正认识到自己失败的原因，还自我安慰："天亡我，非战之罪也！"

人们在压力状态下，特别是在因压力而失败之后，推诿是一种非常常见的心理防卫机制或曰心态表现。生意没谈成，说客户太刁难；机器修不好，说工具不齐全；职务没有晋升，说领导偏心眼；该做好的事没做好，说天意如此。如此等等，不一而足。

推诿，从本质上说还是一种归因错误，即把失败的原因统统归之于外部的、不可控的因素，而自己主观上没有任何责任，并试图以这种方式保证自己的心理平衡。显然，总是这么想、这么做，很不利于个人的提高，也不利于在工作中取得较好的绩效。

**对策**

其一，监控自己，当发现自己总是做不好事，又总觉得自己没责任的时候，就要注意是否产生推诿现象了。

其二，要正确归因，一件事做不好，自己肯定不会一点责任没有。例如，学生考试成绩不好，有些老师会把学生臭骂一顿。可是，你想过没有，学生考不好，难道作为老师的你就没有责任吗？难道你不需要从自己的教学中去找原因吗？

其三，看看与自己相同情况的人做得如何。如果别人做得很成功，我们就不能向外部环境推诿了。

### 4. 昏招四：幻想

幻想是与个人愿望相联系的并指向未来的想象。幻想有两种形式，一是理想，一是空想。以客观现实的发展规律为依据，并指向行动，经过努力可以实现的幻想就是理想。完全脱离现实，毫无实现可能的幻想就是空想。这里所说的幻想，就是指后一种形态。它是个体在受到挫折后把自己置于一种远离现实的想象境界，以非现实的虚构方式来应对压力、挫折、取得满足。这种空想常导致白日梦。

这种情况是小资常见病，多见于白领阶层，尤其容易发生在压力大、挫折多的时候。

**对策**

其一，这种空想，偶有所为，属正常。对化解心理压力，也有一定好处。但长此以往，就会成为病态。

其二，告诫自己一定要分清现实世界与虚幻世界。绝不能以虚幻世界替代现实世界。

其三，总是不能摆脱这种心理状态，就要去找心理医生了。

### 5. 昏招五：退行

对于正常人而言，在不同的年龄阶段，应该表现出与这一年龄阶段相符合的行为特征。一个5岁的儿童，应该表现出幼儿的行为特征；一个30岁的成年人，应该表现出成年人的行为特征。而退行则是指个体在遇到重大压力情境或挫折时，退回到较低的心理发展水平，出现与自身年龄极不相称的幼稚行为。如有些成人在遇到压力或挫折后蒙头大睡、装病不起、号啕大哭，这些都是退行的行为表现。他们想用较原始而幼稚的方法应对困难，或是利用自己的退行来获得别人的同情与照顾，以避开现实情境的问题与痛苦，严重的精神分裂症患者甚至可以退行到"子宫内生活"的状态。处于这种状态的患者严重脱离现实，蜷曲为胎内婴儿姿势，与外界断绝一切接触。

显然，退行是以不负责任的方式应对压力情境。虽然可以得到暂时的解脱，但事情却没有因此而了结。这种不成熟行为只会把现实的困难与问题搞得愈来愈复杂。

**对策**

其一，在工作中遇到问题时，应当冷静下来，认真分析为什么会出现这样的问题，以及解决问题的方法。一味的退缩只能使原来的优势荡然无存，问题却会越来越多。

其二，退行的人常有过分自责的特点，每每把失败的责任都归咎在自己的身上，又无力承受，只能选择退行（可以不负责任）来面对压力情境。鉴于此，我们在遇到压力以及由压力导致的挫折时，不要都以为是自己的错，有些是客观因素所致；有些是其他人做得不好，不是我们的责任。我们只能承担自己该承担的责任，改进我们自己可以改进的工作。这样一来，你就会轻松许多。

**6. 昏招六：酗酒**

现代科学已经证实，少量的饮酒对健康是有益的，可以起到舒筋、活血、化淤的作用，对于调节人的情绪，活跃人际关系也有帮助。

但酗酒，即饮酒过量，进而出现酒精中毒的现象，那从任何角度来说都是不可取的。酒精中毒的现象很普遍，在美国人的主要病患中，酒精中毒占第四位，已成为一个重要的社会问题。

酗酒的负面作用是显而易见的。长期饮用酒精可能损害中枢神经系统，并易罹患其他疾病，如结核病、肝病等。酗酒也是导致家庭破裂、工作表现不好、个人孤立于社会的重要原因。酒精所带来的高犯罪率和酒后驾车造成的悲剧性后果对社会极为有害。

造成酗酒这种坏毛病的原因是什么呢？虽然有少量证据表明与遗传因素有关，但大多数学者还是认为，酗酒者起初是为了减少因个人问题引起的焦虑才学会饮酒的。酗酒者往往是不成熟和好冲动的人，他们自尊心不强，感到未能实现自己的目标或标准，并且具有经不起失败的表现。

举杯消愁，这不是现代人的发明，可以说是古已有之。晋代的竹林七贤，唐代的李白都是举杯消愁的实践者。他们的目标实现了吗？恐怕都没有。反而是"举杯消愁愁更愁"。

举杯消愁从本质上说是一种自我麻醉。那么，自我麻醉的后果又是什么呢？

自我麻醉会使受挫的范围更大，醒来以后压力感更强。

自我麻醉会使人的精神世界彻底崩溃。因为自我麻醉的最直接结果是使人神情恍惚、萎靡不振，它使人不思进取，使人自甘堕落。

自我麻醉还会让人思维紊乱，使正常的认知加工无法进行。在工作和生活中，为了应对纷繁复杂的外部世界，我们必须要有敏捷的思维，这是在工作和生活中采取积极而合理行动的基础，如失去了这一基础，则无异于"盲人骑瞎马，夜半临深池。"

总之，因工作或其他压力导致酗酒，酗酒后又导致工作效率与效益大幅降低，失败的体验又导致更多的饮酒，这就是酗酒者的生活轨迹。

**对策**

其一，使用戒酒药物。有一些药物如戒酒硫是酗酒者的常用药，它可以减轻戒酒期酒瘾发作的典型症状：震颤、出汗、恶心。血液中有了这种化学元素后，一饮酒就会引起强烈的恶心。

其二，认识到饮酒对身心的伤害，对工作、事业的不利。这一点非常重要。药物治疗也只有在饮酒者认识到酗酒的危害，并真心诚意希望戒酒时才有作用。

其三，酗酒者应该学习消磨时间的新方法以代替饮酒。

其四，缓解焦虑、摆脱抑郁、平息怒火——首先就消除了求助毒品或酒精的原动力。现行的很多戒毒戒酒治疗方案都补充了基本情绪技能的学习。

### 7. 昏招七：自杀

这是一个沉重的话题，但又是不得不说的话题。

我们在"压力现状描述"中已经看到数位职场金领、白领不幸走上了自杀的道路。其实，媒体报道的仅仅是他们当中极少的一部分。

从世界范围看，目前每年估计有100多万人死于自杀，而自杀未遂的人数则可能是自杀死亡者的10～20倍。我国自2000年以来，每年10万人中有22.2人自杀，每2分钟就有1人自杀、8人自杀未遂，在15～34岁的人群中，自杀更成为首位死因。自杀已成为世界各国关注的重大公共卫生问题。

生命是多么珍贵！可为什么有人要选择轻生的道路？

不管他们是什么理由、什么原因，不堪沉重的心理压力是他们共同的理由与原因；

不管他们是什么理由、什么原因，他们的这种做法，我们都不能认同，更不会赞许。

不管他们死得有多么壮烈，又多么值得人们同情，我们还是要说，自杀者共同的名字叫"弱者"。

**对策**

其一，人们的压力是很大，但天无绝人之路，世界上的事情总有办法能解决。即使真的解决不了，那又怎么样？我们本来就是凡人，凡人不能解决所有遇到的问题并不丢人。况且，我们虽然不能改变现实，但随着时光的推移，现实可能就自己改变了。记得20世纪50～60年代的时候，谁有海外关系就是一大罪过，成绩再好，也别动什么上大学的心思。可到了20世纪80年代，有海外直系亲属，高考还加分呢！历史与人们开了个大大的玩笑，如因早年有海外关系就轻生，可就亏大了！

其二，别以为自杀是解脱。要说解脱是你解脱了，别人（主要是你的亲人）却添加了沉重的负担。你这不是自私吗？难怪在宗教伦理中，自杀者也不得入天堂。

其三，自杀更不是勇敢的行为。勇敢是人类一种表现为有胆量、不畏艰险的道德品质，它与冷静、理智有天然的联系。冷静、理智就是对事物的正义性、合理性有清醒的认识，遇到突发事件时，能应付自如，果敢决断，遇到困难与挫折则坚忍不拔，不莽撞、不退缩。勇敢不等于不怕死，从本质上说，自杀是一种怯懦、逃避。把自杀当勇敢或者是一种误解，或者是一种自我欺骗。

其四，实在有了这种念头，你千万要多想一想，为自己想一想，为亲人想一想，换个角度想一想，真的是无路可走了吗？真的是别无选择了吗？最好能找个人谈谈，打咨询电话也行。不妨告诉你，所有自杀的人在行动之后、临死之前的那一刻，都会后悔。

幸福心理学：心理学家谈自我减压

# 第二部分
## 对号入座

# 一、我是混得最惨的人

**真情倾诉**

都市的夜空,喧嚣着数不尽的繁华,我坐在写字楼里,望着窗外的一切。

一辆辆高档轿车急驶而过,间或停了下来,走出一对对衣着时尚的情侣,他们是去饭店?还是商场?我不知道!我知道的是,他们肯定不是去上班。

大饭店的门前,人流如梭。

酒吧街上,灯火酒绿。

购物中心里,有些人好像根本不把钱当回事,你看他们刷卡时的那副德行,就是在做一个最轻松的游戏。

而我,却坐在写字楼里,加班。

到了深更半夜,我像一堆垃圾一样被扔出写字楼。地铁没了,公交车没了,出租车倒是不少见,可我却在激烈地思想斗争?坐还是不坐?

回到家里也没什么好果子吃。老婆要么满脸冰霜,要么无休止地重复那么几句话:房子、孩子上学,咱家什么时候能买车呀?

没有都市人活得那么高雅,也没有乡下的亲友过得那么滋润。看看我周边的人,哪一个活得不比我好啊!以前的同学,有的做了官,有的发了财,也有的在单位混得如鱼得水,偏偏就是我,功不成,名不就,权没有,钱不见,家不和。在学校的时候,他们也不比我强到哪里去呀!

我怎么就混得这么惨?

**冷静思索**

我们得承认,在他身上存在着客观的压力源,他混得的确不怎么样。但客观的压力源并不是他所承受的压力的全部。他自己在心理上也犯了一个错误，那就是被一种错误的比较观所笼罩。

人性的弱点之一是我们常常生活在与别人的比较之中，而这种比较通常是没有意义的。

诚然，人是社会的人，不与他人比不可能，但要有个正确的比法，要有个良好的心态。那些活得很累的人，就是太喜欢拿自己与别人作比较。如果在比较中处于优势，就开心、就自豪；如果在比较中处于劣势，就沮丧、就自卑。沮丧、自卑之后，压力感便不期而至，好大的一个"累"字，重重地压在心头。

错误的比较形态主要有两种：

一是在每一个阶段的比较中都要占上风。

其实，人生中的大部分比较都属于阶段性比较，过了这个阶段，比较的内容将变得几乎毫无意义。比如说吧，你是一个成年人，你对你的同事说，我在上初中的时候，成绩特别优异，在学校总是名列第一。你的同事会有什么反应呢？会肃然起敬吗？恐怕不会！他们可能会说："你是高才生？我看你现在好像也不怎么样嘛！"我们不否认上初中时成绩好可能带来的优越感，但过了这个阶段，这一切都将没有意义。我们真正要比拼的是一生的生活质量，而不是一时的辉煌。所以，在某个阶段的比较中居于下风也不必过于沮丧。

二是在每一个方面的比较中都要比别人强。

你见过世上有谁处处都比别人强、时时都过得比别人好的吗？不可能有这种人，如果有人站出来说他就是这样的人，那这人肯定是个骗子。

如果你在头脑中确立了这么一个基本事实，那你的压力就会小得多。总而言之，一个人不能时时处处与别人比，尤其是不要拿自己的短处与别人的长处比。总是这样，那就惨了。试想，我们与姚明比身高，就是侏儒；与比尔·盖茨比财富，肯定是乞丐；与爱因斯坦比智慧，近乎弱智；与贝克汉姆比长相，只能与卡西姆多做兄弟。

其实，你把这些人的另一面与你比，就会发现许多地方他们不如你。譬如，姚明不能自由地逛街；比尔·盖茨的胃口可能就不怎么好，是有钱，但吃不下去；爱因斯坦的英语水平始终不怎么样；贝克汉姆要与情人幽会难度比你大得多。如果这么想，你是否有种释然的感觉？

再说，我们何必非得与这些人较劲呢？想一想那些真正有生活困难的人；想一想世界上那些连基本的温饱都没法实现的人，自己的生活与他们相比又是多么的幸运！我们还有什么过不去的坎呢？

记得有一首儿童诗，大体意思是这样的：

满街都是新鞋，

我是多么寒碜。

缠着妈妈一路哭闹，

直到突然看到，

一位失去了腿的人。

### 我来支招

你可以随机列出身边10个最熟悉的人，把他们的长处，得到的好处一一罗列出来。然后再看看他们有哪些短处，以及他们得不到的，他们所失去的（比如整天在外大吃大喝，结果搞出个"三高"），也把它梳理出来。再来看看自己，把自己和他们作比较。是不是他们所有指标都比我们好？实际上这是不可能的。我们有不如他们的地方，他们也有不如我们之处。通过这样的全面比较，你的心态是否会平和一些？

告诉自己，当下的境遇可能不佳，可心态一定不能不好。心态不好，事情会愈来愈糟，境遇会愈来愈差。

再来找一找突破点，看看从哪儿着手有可能使自己的境遇得以改观？一定有！只要你认真去找。

期望值不要太高，罗马城可不是一天建起来的。凡事都要有个过程。

### 延伸阅读

#### 互相羡慕

树林里住着两个长臂猿兄弟，他们整天在树枝间嬉戏玩乐。这样的日子固然欢乐愉快，但由于每天只能找到一点点食物，他们一直闷闷不乐。

有一次，长臂猿兄弟闲逛到山脚下的动物园，只见其中一个笼子里关着一只红毛猩猩，它的面前摆了许许多多的水果和食物，令它们垂涎三尺。长臂猿弟弟就对哥哥说："老哥，我真羡慕那只红毛猩猩的待遇，它每天不用做任何事，就有这么多美味可口的东西可以享有，不像我们十分操劳，才能得到一点食物。"长臂猿哥哥搂着弟弟无奈地点头说："你说得对极了。"

这个时候，笼子里的红毛猩猩无精打采地抬起了头，以十分羡慕的眼光望着长臂猿兄弟，心里想着："唉！我真羡慕那两只长臂猿兄弟，每天可以在树林里自由自在地荡来荡去。多逍遥自在啊！"

# 二、付出得太多太多

## 真情倾诉

K从小就是一位优秀的孩子，几乎每次考试都是第一名。后来考上了国内的一流名校，毕业后又去国外深造读博，回国后进入了一家跨国企业工作。

K的工作能力强，公司有个1年才能搞定的项目在他手上仅仅2个月就完成了。他在工作中认真、谨慎、执著，更难能可贵的是他虽然很有能力，却一点也不狂妄自大，为人老实谦虚，与同事关系融洽。在家中他也是个公认的好男人，孝顺父母，疼爱妻儿，家人都很依赖他，大事小事都要由他来决定，可谓不折不扣的顶梁柱。一次，家里人要出去踏青，但刚好K要加班，于是他一早开车将家人送到目的地，然后自己再去上班，下午下班后又把家人接回去。

K的公司又给了他一个大项目，时间紧迫且工作量巨大，为此，作为负责人的K常常连续加班到很晚，回家后也会向妻子抱怨公司的下属工作效率低下，自己太累了。平时不抽烟的他突然变得烟瘾很大，有时一天甚至能抽3包香烟。

妻子认为他工作压力太大，等项目结束就会好了，所以也没太放在心上。

然而，就在项目即将完工的时候，意想不到的事情发生了。那天，K像往常一样反复检查每个环节，显得有些心浮气躁。晚上加班的时候，他对同事说想去天台透透气，结果很久都没回来，同事们去找的时候才发现他已经从天台上跳了下去。

2005年年底，拥有36亿身价的山东德州晶华集团董事长苗建中猝死家中，有关他的死因有种种猜测，但警方已明确认定是自杀，是因抑郁而自杀。苗建中一直有事必躬亲的管理风格，据他身边的人透露，他每天工作达15个小时以上，有时一天要批复的文件有五六十件，要到凌晨两点左右才能审阅完毕。晶华集团高层人士说，苗总的主要压力来自于集团的管理工作。此观点在晶华集团的悼词中也有所体现："在企业发展的进程中，苗董事长承担了常人难以想象的工作压力。作为一个完美主义者，他事事要求做得最好，力求最精。在沉重的工作压力下，身体和精神严重透支，产生了心理障碍，从而产生了抑郁倾向……"

### 冷静思索

你听说过"巴乌特症候群"吗？那就是一生都在拼命工作，突然有一天，就像马达被烧坏了一样，失去了动力，陷于动弹不得的状态。具体表现是：焦虑、健忘、对他人的情感投入低，甚至对性生活也没有兴趣……究其原因，这是由于在现代社会中为求生存，奋力拼搏，耗尽了体力、精力，精神得不到放松而导致疲倦的一种症状。以上二位，可能就是"巴乌特症候群"最极端的受害者。

人是要有一点精神的，人在这个世界上不奋斗一番几近白活。但凡事得有度，楚人宋玉《登徒子好色赋》云：天下之佳人，莫若楚国，楚国之丽者，莫若臣里，臣里之美者，莫若臣东家之子。东家之子，增之一分则太长，减之一分则太短，着粉则太白，施朱则太赤，眉如翠羽，肌如白雪，腰如束素，齿如含贝。嫣然一笑，惑阳城，迷下蔡。你瞧，美女的任一特征，也会过犹不及。

做事做人也是这个道理，不停地忙碌，不停地追求，就像一辆一直在奔驰的汽车不去保养，也不加油，一定会在哪天因损耗过度，戛然而止。

**我来支招**

学会有张有弛，不是不要工作，而是不要拼命工作。退而言之，不得已时拼一把可以，但不能成为常态。成为常态就是违反规律，违反规律就要受到惩罚。工作越忙越要注意休息和锻炼，劳逸结合才能达到工作的最佳状态。

干活要有节奏感，一段时间忙碌之后，就要安排一段时间的休息与放松。

著名作家林语堂，在海外居住了30多年，得空很会尽情玩乐。他规定自己每年"出产"一部作品。"新产品"一出来，他就放自己一个月或两个月的假，开始出外旅行。他是一个喜欢旅行也懂得在旅行中找乐趣的人。他总说一个人要有严肃的一面，也要有轻松悠闲的一面，这样才能使心灵得到调剂。

因此，他有时把整个假期都消磨在世界著名的赌城里。他好轮盘赌，但不着迷。赌徒的一些毛病，他似乎也免不了，譬如赢了钱舍不得走，把钱袋里的钱输光了才安心回去。他的优点是：赌得有分寸，也绝不因赌而误事，带去的钱输光了，他坦然离去，回家工作。因为，他的钱买到了他的"乐"。

林语堂说：赌绝不是什么好事，但我并不反对，我只反对赌得流连忘返，赌得忘了工作。他不打麻将，也不玩桥牌，原因是它们太费脑筋，而工作已经消耗了不少脑筋了。

学会分解、传递压力。社会进步的典型特征之一就是分工越来越细，文艺复兴时期那种百科全书式的人物在当今之世已不可能再出现了，那种靠单打独斗而包打天下的现象也不会再复演了。如今，你要取得成功，要依靠团队而不是个人。

天大的事一人扛，是过去的英雄形象，但却不是职场所应效法的榜样。要学会把压力分解、传递到你所在团队的其他人身上。这不是推诿，也许别人正想有一个发挥自身潜能的机会呢？如果什么事都是你一人做，一人担，别人也只好袖手旁观了。没准还在背后骂你呢！可能的话，把工作分摊或委派以减小工作强度。别以为你是唯一能够做好这项工作的人，这样可能会给自己带来更多的工作，你的工作强度、心理压力就大大增加了，心理枯竭也就不期而至。

## 延伸阅读

《你好，黑夜》节选
卡伦·墨菲著 杨纲、杜洋译

今天的美国人，有许多理由可以使自己感到欣慰，因为他们没有生活在100年前的过去。同样，他们也有许多理由哀叹自己没能生活在过去的那种年代。一方面，在过去，他们没有选举法，没有盘尼西林，没有拉链可以使用，就连每日必看的电视"肥皂剧"也不过才有十几年的历史；另一方面，在过去，他们没有收入税，没有核恐惧，更没有艾滋病；更有甚者，100年前的美国人，他们的平均睡眠时间都要比现在长出20%。

"更佳睡眠委员会"认为，18世纪末的美国人，平均一天夜里的睡眠时间是9至9个半小时，而今天的美国人却只能睡7至7个半小时。另外，还有一些证据显示，这种低睡眠的现象仍呈上升趋势。

……

为什么我们在一定程度上放弃了睡眠呢？许多评论家大多把此归罪于一种可以称之为"美国生活方式"的东西。我们是一个天性忙碌和雄心勃勃的民族，我们用特定的力量构筑了一种特定的环境。时常降低工资水平，居高不下的离婚率，飞速发展的通信事业，跨越时区的飞机旅行，日益普遍的足球狂热，使每一个人从4岁起就不得不在这种充满压力的环境里操劳奔波，疲于生活。

……

我从来不认为黑暗对人类具有什么重要性，直到我读了一位名叫约翰·施陶德迈尔的科技发展史学家的文章后，才认识到这一点。他在文中阐述了这么一个观点：爱迪生之前，在人类长期的成长过程中，尽管黑夜笼罩，给我们的生活带来许多不便，但也因此阻止了我们的祖先去进行更多的活动，使他们有足够的时间去睡眠。他写道："对于大多数人来说，黑夜降临，就意味着他们全天工作的结束。人们可以利用这段时间，在家中做一些悠闲、富有情感的事情，如讲讲故事、做做祈祷、叙叙亲情，或者上床睡觉等。

施陶德迈尔认为，对于我们来说，损失最大的是我们已经失去了中世纪对事物进行的一些客观评价。这些评价认为，就人类而言，光明不一定是幸事，黑暗也不一定就是祸害。不能简单地把光明当作有序、客观和进步的同义词，而把黑暗看作无序、恐怖和非理性的象征。

对他的观点我不敢苟同，但电的存在，对造成人们睡眠不足的作用是不容置疑的。那些我们愿做不愿做的事情——享乐的、谋生的，都是因为有了电，便迫使我们要利用更多的时间去做这些事情。以往黑暗就像我们面前一条难以逾越的鸿沟，使我们的创造力受到了极大的限制。电的产生，让我们从黑暗中争得了更多的能使我们进行工作的机会，这正像荷兰人通过围海取得新辟的土地一样。在美国，有500万以上的人在午夜还干着白日的工作。超级市场、加油站、商店——从来就没有关过门。可以这么说，由于电的发明，使我们的生活节奏越来越快。

因此，人们想着各种各样的方法，来降低日益紧张的生活给自身带来的压力。这令我不由得想起20世纪60年代中期在爱尔兰的经历。在爱尔兰，供电部门经常出现一种让人无法预料的故障，常常导致整个地区停电。工程师们尽管了解这种故障的原因，却从不及时处置。灯光骤然熄灭，时钟停止摆动，电视图像消失。司机们在交通信号灯前变得悠闲自得，整个社会停止了运转。人们在这段时间感到了从未有过的轻松。

在爱尔兰，这段时间被人们称之为"神圣时光"。也许，在美国也需要这么一段神圣的时光，能让我们短暂地终止一下紧张的生活方式，使我们每天能够保持9个半到10个小时的睡眠时间。这一小段"神圣时光"带来的好处，能让我们受益无穷。

海外文摘.1996（7）

## 智者的一失

在中国人心目中，诸葛亮是智慧的化身。但"智者千虑，必有一失。"诸葛亮一生最大的失误来自于他的那句名言："鞠躬尽瘁，死而后已"。为了报答刘备的知遇之恩，也因为害怕因一失足而后憾，他把什么事情都揽在自己手上做。

在蜀营中，士兵因犯错而打二十军棍时，他都要亲自讯问，结果搞得自己身心疲惫。司马懿与诸葛亮打仗是屡战屡败，尤其是"空城计"把他搞得很没面子，但司马懿也赢过一阵。

诸葛亮六出祁山，北伐中原，想与魏军决战。但司马懿始终稳守营垒，诸葛亮几次三番向他挑战都没有用，双方在五丈原相持了一百多天。

要使魏军出来打，只有想法子激怒司马懿。诸葛亮利用当时轻视妇女的风俗，派人给司马懿送去一套妇女的服饰，意思就是这样胆小怕战，还是回去做个"闺房小姐"吧。

魏军将士看到主将受到嘲弄，气恼得嚷着要与蜀军拼。司马懿知道这是诸葛亮的激将法，并不发火，他安慰将士说："好，我向皇上上个奏章，请求准许我们跟蜀军决战一场。"

过了几天，魏明帝派了一个大臣赶赴魏营，传达命令，不许出战。

蜀军将士听到消息，感到失望。只有诸葛亮懂得司马懿的用意，说："司马懿上奏章请求打仗，这是做给将士看的。要不然，大将军率领军队在外，哪有千里迢迢去请战的道理。"

诸葛亮料到司马懿的心理，司马懿也在探听诸葛亮的情况。有一次，诸葛亮派使者到魏营去挑战，司马懿挺有礼貌地接待使者，跟使者聊天，说："你们丞相公事一定很忙吧。近来身体可好？胃口怎么样？"

使者觉得司马懿问的都是些客套话，也就老实回答说："丞相的确很忙，军营里大小事情都要亲自抓，他起得很早，睡得很晚，只是近来胃口不好，吃得很少。"

使者走了以后，司马懿就跟左右的将士说："你们看，诸葛亮吃得少，事务又那么繁重，能支撑得长久吗？"

不出司马懿所料，诸葛亮由于过度疲劳，终于在军营中病倒了。最后死在了五丈原。

这是一个智者的悲剧故事。

更为严重的后果是，由于诸葛亮生前把一切都大包大揽，他的手下没有锻炼能力、展现才华的机会。在诸葛亮死后，蜀中无人，迅速走向灭亡。

> **测一测 心理枯竭离你有多远？**
>
> 请根据自己的真实情况，对下面的问题做出"是"或"否"的回答。
>
> 1. 情绪变化无常，并经常感到莫名其妙的担心。
> 2. 总感觉自己的精力透支，经常有即将"塌陷"之感，失眠现象严重。
> 3. 记忆力糟糕、思维迟钝、注意力不集中。
> 4. 脾气暴躁，为一点小事动怒。
> 5. 经常加班，每天平均睡眠不足6小时。
> 6. 经常胃痛、头痛、背痛，感觉全身乏力。
> 7. 一想到上班就心情低落，总是盼着假期快点到来。
> 8. 和同事关系紧张，想到要见上司就发怵。
> 9. 户外活动明显减少，做任何事都提不起精神，过分贪睡，饮食不规律。
> 10. 自我评价降低，经常有失败感和无能为力感。

对于以上题目，如果你的回答超过4个"是"，说明职业枯竭症虽然还没有侵入你的生活，但已经为期不远了；如果你的回答超过5个"是"，说明职业枯竭症已经侵入了你的生活。

# 三、压力太重，我想逃

**真情倾诉**

W是一名业务经理，负责整个公司产品的销售工作。他每天工作勤勤恳恳，尽职尽责，一心想把工作做好。可事与愿违，随着社会竞争日趋激烈，同类产品不断涌出，经济效益每况愈下，W感到越来越难做。而当初立下的军令状就像一座大山一样重重地压在他的身上，使他喘不过气来。

W越来越感到一种莫名的恐惧，仿佛看到前任经理的今天就是自己的明天，总是感到自己力不从心。重压之下，他干脆选择逃避，竟然三天没上班，手机也关掉，在家什么事情也做不了，约朋友出来聊天也显得心事重重。到了第四天，垂头丧气的W找到心理医生："现在的我真是累啊，一进公司就感到紧张，自己以前的那种干劲不知到哪里去了。现在我只想找个安静的地方，静静地睡上一觉，再也不想面对这些令人烦恼的问题。"

### 冷静思索

我们并不提倡面对所有的问题、所有的痛苦都不要逃避，"明知山有虎，偏向虎山行"，这要看具体情况。如果非常有必要这么做，可以"偏向虎山行"；如果必要性不是太大，更好的选择是不行或绕道行。再则，面对过于痛苦的事情，适当的逃避也是必要的。

但是你得搞清楚所面临的问题能不能逃得掉？如果能逃得掉，那就逃吧。"退避三舍"未必不是智者的选择。但如果逃不掉呢？对不起，那就只能面对了。在许多情况下，人无法做到真正的逃避，逃避更无法真正地解决问题。有些事情，虽然很痛苦，但现实注定你逃不掉，所以只能勇敢地面对它、化解它、超越它，最后和它达成和谐。例如，在大学里，你不喜欢高等数学，对之深恶痛绝，但你能不学吗？如果你想拿毕业证的话。

客观地说，现代人想逃比古人更难。我们在历史书中常常看到，某人失意于官场，便归隐山林，浪迹江湖，这样就远离尘世了。可现代人不行。E-mail、手机、移动PC、宽带和无线上网使工作变得无所不在，它们带来的超时空的工作压力，让你即使在家，也无处可逃。美国职场压力管理专家乔恩·卡巴特·津恩称，工作借助这些工具剥夺了人们的休息时间，以及同家人相聚的时间。在家里用笔记本处理工作的人多了；假日里用手机谈论工作的人多了；在飞机上处理公务的人比比皆是。

难怪《手机》中的费老发出一声叹息："还是农业社会好啊！"

许多情况下我们逃不掉，有些情况下我们也不该逃。试想，一个见困难就逃的人能有出息吗？会有价值吗？能活得有尊严吗？直面痛苦的人会从痛苦中得到许多意想不到的收获，它们最终会变成生命的财富。直面困难的人能从解决困难的过程中释放出自己的潜能，把自己变得更强大。

结论：以逃避的方式来减压，只会累加压力，让自己更痛苦！

## 我来支招

如果你实在不适合现在的工作，或者实在不愿意干现在的工作，那就申请换岗，要不干脆走人。这不叫逃避，叫转移。一个人的第一份工作、第二份工作可能就不是他所擅长的，或他所乐意的。不作转移，又想逃避，那是跟自己过不去。

试一试，今天就硬着头皮不逃避，甚至不躲闪，去面对困难，面对窘境，面对一切。一天下来之后，感觉如何？是更坏了，还是反而好受些？没准这种选择反而能得到心灵的平静。

我们说不要逃避，也不是一刻都不能躲闪，有时，我们也需要通过躲闪将心情作一番调整。当然，这仅是偶一为之，并且是片刻而非常态。

---

不想接听电话，不想开会。下午两点，我再一次从办公室逃离出来。我要忙里偷闲地放松一下自己，调适一下自己。我去了离办公室两站车程远的咖啡馆，却只要了一壶冰茶，那种沁人心脾的凉意浸透我的全身；在轻音乐的环绕下，随意翻翻当前最流行的时尚杂志。这种环境没有暧昧，身在其中，感受到的是踏实，心灵就会得到小小的休憩。我心无旁骛，到这里来，就是为了远离工作与生活，那些杂七杂八的事不属于这里，不属于此时的我。

逃离熟悉的办公室，独自上街"吃吃喝喝"，已经成为最适合我的解压方式。在家和办公室两点一线之外找一处让心灵短暂出逃的第三地，虚度一下光阴，是为了更专注地感受生活。

**延伸阅读**

影子真讨厌

"影子真讨厌！"小猫汤姆和托比都这样想，"我们一定要摆脱它。"然而，无论走到哪里，汤姆和托比发现，只要一出现阳光，它们就会看到令它们生厌的自己的影子。不过，汤姆和托比最后终于都找到了各自的解决办法。汤姆的方法是，永远闭着眼睛。托比的办法则是，永远待在其他东西的阴影里。

汤姆和托比解决问题的办法代表了逃避的两种基本方式：一是彻底扭曲自己的体验，对生命中所有重要的负性事实都视而不见；二是干脆投靠痛苦，把自己的所有事情都搞得非常糟糕，既然一切都那么糟糕，那个让自己最伤心的原初事件就不是那么让人心疼了。表面上看，似乎把影子摆脱了，而实际上则给自己带来了更大的麻烦和不便。

# 四、不工作多好啊

**真情倾诉**

忙碌的一天又匆匆而过了。每天几乎都是一样的日子，早起、上班、备课、上课、辅导、批改、下班、吃饭……这份工作年复一年，日复一日，周而复始，没有变化。如果能每天睡到自然醒，上午读读经拜拜佛，下午喝点茶，看看股市，逛逛街，晚上上上网，这样的生活该多么惬意啊！不用再去眼花缭乱的批改，不用再生气地面对怎么也不肯用心学习的学生，不用再有上完课后的满身疲倦、口干舌燥、肝肠气断，不用再为人事的纷扰、职称的竞争去烦恼，不用为了工作而顾不上自己的孩子……如果这样该多好！

你说我们没毕业工作多好，我们可以经常见见面，聊聊天，谈谈心。我们可以很有资本地说整天见这些人真烦。

你说我们没毕业工作多好，我们可以去打球打到虚脱，去K歌K到破嗓，去追女孩，去逛街压马路，去做一切现在看来奢侈的简单事。

你说我们没毕业工作该多好，我们可以一起玩魔兽，看最新的电影，一起斗地主甚至打坦克这些当初被我们骂作没出息的事。

你说我们没毕业工作多好，我们可以天天在课堂上见面，我不带书，你不带笔，然后大家合作应对老师的各种突袭。

你说我们没毕业工作多好，我们可以不用每天为房子、前途发愁，不用让不成熟的自己面对婚姻，不用让鬓角斑白的父母操心终身大事。

## 冷静思索

我知道他们说的是气话，也可以看作一种发泄吧。但这也表现了他们的心情，反映了他们对压力的态度。

这种心情、这种态度透露出的信息是他们因工作压力产生了职业倦怠，如果说得严重一些就是职业倦怠症。这是一种现代职场流行病，加拿大著名心理大师克丽丝汀·马斯勒将职业倦怠症患者称为"企业睡人"。

"企业睡人"有哪些表现？

每天朝九晚五奔波于职场，不加班就谢天谢地了；身心非常疲惫，对工作不再有热情，只是凭着"惯性"机械地做事；一想到要去上班，情绪就很低落；一走进办公室，看到周围的同事有说有笑，心情就更加烦躁；周一就盼周末，到星期五，心情就会明显地变好，但是一到星期日晚上，心情又跌入低谷……

这时就会出现幻想，甚至白日梦：要是不工作那该有多好啊！

不工作有可能吗？对于少部分人来说是有可能的，比如说富二代。对于大部分人来说是没有可能的，不工作如何能养家糊口？去吃最低生活保障？那日子过得也太寒碜了。

不工作好吗？不好。人不做正经事，久而久之，你就被废了。想想清军入关之时，仅10万人马，就打下了江山，那是何等骁勇，何等英武！他们的后人，即所谓八旗子弟，以俸禄为生，整天提着个鸟笼到处闲逛。一时是快活了，可后来呢，不仅穷困潦倒，还沦为千古笑柄。

不工作活得滋润吗？不滋润，至少对大部分人来说是如此。人有物质需要，也有精神需要。满足不了成就感，就谈不上活得有价值，活得有尊严。别人可能连多看你一眼，多与你说句话的兴趣也没有，那滋味也不好受。

还有一点可能是有些人未曾想到的，那就是什么活都不干会给你带来另一种痛苦，一种更大的痛苦——无聊、空虚，甚至整个心理机能遭到破坏。

所以，偶尔说说气话可以，可别当真，可别总是往这方面想，那会使你的压力有增无减。

## 我来支招

工作是繁重的，也是枯燥的，但人只要步入成年，只要能走能动，只要不呆不痴不傻，就要工作，这是基本事实。不要回避，也无可回避！但也未必没有一点乐趣。我们要努力去挖掘工作中的积极面，寻找工作中的乐趣，去体验其中的快感。

这种乐趣到那里去找？

其一，试图创造性地进行工作。人本主义心理学的领军人物马斯洛认为人类最高层次的需要就是自我实现的需要。自我实现就是成为自己理想的人，把自己的潜能全部变成现实的需求。在自我实现之时，人会产生一个神秘的"高峰体验"。在这样的时刻，人有一种返归自然或与自然合一的欢乐情绪。自我实现作为人的本性的实现是人与自然的合一，作为个人天赋的表现也是人与自然的合一。因此，自我实现者能更多地体验到高峰时刻的出现。这可以是音乐家的一次成功谱曲和演出；也可以是工匠精湛手艺的完成；可以是某一哲学或科学真理的发现；也可以是家庭生活的和谐感受；可以是一次陶醉的文艺欣赏；也可以是对自然景色的迷恋。高峰体验可以是极度的欢乐，也可以是宁静而平和的喜悦。由此观之，马斯洛所说的自我实现及其高峰体验，无不与创造性活动有着这样那样、或多或少的联系。如果我们以创造性的态度去对待工作，在工作结果、工作过程中取得创造性的成就，我们不也就享受到这种由工作而带来的自我实现的快感了吗？

一个教师改变了一个差生；一个医生挽救了一位生命垂危的病人；一个时装设计师设计出一套流行的时装；一位运动员走上了领奖台；一位母亲看到她那渐渐长大的孩子……凡此种种，潜能得以张扬，价值得以体现，那种欢欣、那种乐趣、那种快乐，是任何外部奖赏都不能替代的。

其二，从工作结果的社会意义中品味自我价值。当人们体验到自身行为的社会价值时，其愉悦之情无可替代。慈善家并非全然是在施舍，在施舍的过程中他们自己也得到了一种满足。当我们意识到自身工作的社会意义时，我们会油然而生一种自尊感、崇高感，我们会因自身对社会作出了贡献而自豪、而骄傲。

## 延伸阅读

### 这里没有工作

在古老的欧洲，有一个人在他死后，发现自己来到一个美妙而又能享受一切的地方。他刚踏进那片乐土，就有个看似侍者模样的人走过来问他："先生，您有什么需要吗？在这里您可以拥有一切您想要的，所有的美味佳肴，所有可能的娱乐以及各式各样的消遣，其中不乏妙龄美女，都可以让您尽情享用。"

这个人听了以后，感到有些惊奇，但非常高兴，他暗自窃喜：这不正是我在人世间的梦想吗？他开始整天品尝佳肴美食，同时尽享美色。然而，有一天，他却感到这一切索然乏味了，他对这一切都不再有兴趣，于是，他就对侍者说："我对这一切感到很厌烦，我需要做一些事情。你可以给我找一份工作做吗？"

他没想到，他所得到的回答却是："很抱歉，我的先生，这是我们这里唯一不能为您做的。这里没有工作可以给您。"

这个人非常沮丧，愤怒地挥动着手说："这真是太糟糕了，那我干脆就留在地狱好了。"

"您以为，您以为您在什么地方呢？"那位侍者温和地说。

### 工作是一种态度

工作是一种态度，它决定了我们快乐与否。同样都是石匠，同样在雕塑石像，如果你问他们："你在这里做什么？"他们中的一个人可能就会说："你看到了吗，我正在凿石头，凿完这个我就可以回家了。"这种人永远视工作为惩罚，在他嘴里最常吐出的一个字就是"累"。

另一个人可能会说："你看到了吗，我正在做雕像。这是一份很辛苦的工作，但是酬劳很高。毕竟我有太太和四个孩子，他们需要温饱。"这种人永远视工作为负担，在他嘴里经常吐出的一句话就是"养家糊口"。

第三个人可能会放下锤子，骄傲地指着石雕说："你看到了吗，我正在做一件艺术品。"这种人永远以工作为荣、工作为乐，在他嘴里最常吐出的一句话是"这个工作很有意义"。

天堂与地狱都由自己建造。如果你赋予工作意义，不论工作大小，你都会感到快乐，自我设定的成绩不论高低，都会使人对工作产生乐趣。如果你不喜欢做的话，任何简单的事都会变得困难、无趣，当你叫喊着这个工作很累人时，即使你不卖力气，你也会感到精疲力竭，反之就大不相同。事情就是这样。

# 五、为什么升职的不是我

**真情倾诉**

Q女士是某国企事业单位职员，单位里今年要选副处，Q女士本想着一定是非自己莫属，因为自己学历达标了，工龄也有10多年了，是所在部门的"元老"，且平时工作勤勤恳恳、兢兢业业，业绩方面虽没有太过突出，却也没什么过失。但万万没有想到，副处的提名竟然是另一个同事，Q女士无法接受这样的事实。

她实在想不通，被升职的同事论学历、论资历都不如自己，怎么就升了他呢？

思来想去觉得可能就是因为上次自己和新上任的领导在会议中有过一次小争执，肯定是上司怀恨在心，故意排挤自己。Q女士想着自己今年已经36岁，本来能得到升迁的机会就很少，再加上遇到这么个上司以后肯定再没有机会得到提升，心情十分郁闷，做什么事情都打不起精神，对工作也是应付了事。后来发展到每天都觉得上班是一种折磨，甚至想干脆回家做家庭主妇得了。

### 冷静思索

"不想当元帅的士兵不是好士兵。"Q女士想升职的诉求无可厚非，升职不成郁闷、沮丧也完全可以理解，这都是正常的压力反应。我们所关心的是Q女士如何解决当下的问题。

先来讨论事件本身——不升职。

为什么升职的不是我？可能的原因有这样一些：

领导认为有比你更适合的人担任这一职务。

你的能力不够，领导认为你还需要磨砺。

领导认为你更适合到另外一个岗位任职，但那个岗位一时没有空缺。

官场、职场黑幕，领导打击报复。

按文中所述，Q女士坚信她没有升职的原因是遭受领导报复。我们不排除有这种可能性，但只是可能性之一，而不是全部。所有的人都把自己不能升职的原因归之于黑幕肯定是一个错误。不幸的是，人们常常偏好这一答案。原因是这一答案可以把所有的过错、过失推给别人，自己可以获得某种意义上的心理平衡。

在确认是领导打击报复之前，还是在自己身上找找原因吧。如果这一判断是在证据缺乏或不充分时所做出，就属于任意推断（认知歪曲的一种）。任意推断的无限延伸会导致一系列错误的结论，很有可能把生活搞得一团糟。

再来看Q女士的反应。

Q女士的反应之一是就此消沉，对工作应付了事，自然也就做不出什么业绩。在领导看来，不提拔她是一个英明决策，事实证明了这一点。领导可能没有意识到这是怨气所致，而是认为她本来就没有发展前途，以后的机会也就轮不着她了。

Q女士的反应之二是心情不好。心情不好时最容易破坏人际关系，谁都知道，职场人际关系不良，工作没法干，她的路会越走越窄。这种反应的另一个后果人尽皆知，那就是有损自己的身心健康。

何苦自己跟自己过不去呢？

### 我来支招

与上司作一次坦诚的沟通，与其猜测各种缘由不如开诚布公和上司讨论自己未被升职的原因。也许，上司并不一定以实情相告，但或多或少会透露出一些有价值的信息。

向上司表白，虽然没有升职，但不会影响工作，让上司对你感到亏欠。切忌吵闹，那样上司仅有的一点内疚感也会荡然无存。

时时提醒自己，注意心态，注意言行。向刘备学点，喜怒哀乐不形于色。

反省自己在工作上的行为，别人能升职肯定有其特定长处，检查自己没有做到位的地方。

如果真的属于领导打击报复，就考虑走人。

### 延伸阅读

#### 买土豆的故事

在美国的佛伦萨州曾经发生过这样的一个故事。

有两个年轻人，一个叫哈里，一个叫约翰，他们同时进入了一家蔬菜贸易公司。三个月后，哈里很不高兴地走到总经理的办公室，向总经理抱怨说："我和约翰同时来到公司，现在约翰的薪水已经增加了一倍，职位也升到了部门主管。而我每天勤勤恳恳地工作，从来没有迟到、早退，对上司交代的任务总是按时地完成，从来没有拖沓过，可是我的薪水一点没有增加，职位依然是公司的普通职员。"

总经理没有马上回答哈里的问题，而是意味深长地对他说："这样吧，公司现在打算预订一批土豆，你先去看一下哪里有卖的，回来我再回答你的问题。"

于是，哈里走出总经理办公室，找卖土豆的蔬菜市场去了。

半小时后，哈里急匆匆地来到总经理办公室，向总经理汇报："二十公里外的集农蔬菜批发中心有土豆卖。"总经理问："一共有几家卖土豆的？"哈里挠了挠头说："我刚才只是看到有卖的，没有留意有几家，你等一会儿，我再去看一下。"说完又急匆匆跑出去。

二十分钟后，哈里喘着气跑回总经理办公室汇报，"报告总经理！一共有三家卖土豆的。"总经理问："土豆的价钱是多少？三家的价格都一样吗？"哈里愣住了，挠了挠头说："总经理，你再等一会儿，我去问一下价格。"说完，又要往外跑。这时，总经理叫住他："你不用再去了，你去帮我把约翰叫来吧。"

三分钟后，约翰和哈里一起进了总经理办公室，总经理先对哈里说："你先坐下来休息一下吧。"然后对约翰说："公司现在打算预订一批土豆，你去看一下哪里有卖的？"

四十分钟后，约翰回来向总经理汇报："在二十公里外的集农蔬菜批发中心有三家卖土豆的，其中两家是0.9美元一斤，但一个老头的只卖0.8美元一斤。我看了一下他们的土豆，发现老头的最便宜，而且质量最好，因为他是自己农场种植的。如果我们需求量大，价格还可以优惠，并且他有货车，可以免费送货的。我已经把老头带回来，就在公司大门外等着，要不要让他进来具体谈一下？"

总经理说："暂时不用了，你让他先回去吧。"于是约翰就出去了。

这时，总经理才对目瞪口呆的哈里问："你都看到了吧！如果你是总经理，你会给谁加薪晋职呢？"哈里惭愧地低下了头。

# 六、期望过高导致失落

**真情倾诉**

小Y在一家规模不是很大的公司上班,毕业两年的她做着与本科专业完全不相同的行业,刚入行时她信心满满,给自己鼓足了干劲,"我一定会做好这份工作!"她信誓旦旦的对自己这样说。

光阴荏苒,两年后的现在,她依然在公司最底层默默地工作着,升职没有进展,业绩平平,老板也不给她好脸色。看着和她同时进公司的同事们已经开始风生水起,她不免开始怀疑自己当时的选择,"我真的喜欢这份工作吗?这份工作真的适合我吗?"在无尽的失落与彷徨中,小Y逐渐丧失了对工作的热情,日复一日应付着领导交给的差事,再也难看到她的笑容。

小Y犹如怨妇一般,逢人就抱怨自己工作如何无趣,同事如何矫情,老板如何讨厌。这样的状态持续没多久,她便开始对生活中的一切事物都感到不满,变得敏感、多疑、没有安全感,哪怕同事一句无心的玩笑话她也会觉得是在含沙射影的讽刺自己、挖苦自己,甚至无时无刻都会觉得背后有个人在说她的坏话,随时会让她出丑、难堪。

久而久之,小Y这种疑神疑鬼的状态让身边的同事和朋友觉得很难忍受,大家开始真正刻意的远离她、排斥她,她变得愈加孤独、无助了。虽然她也很想改变自己,却又不知道该从何做起。

**冷静思索**

什么是成功?

怎样才算有钱?

幸福到底是怎样的状态？

所有这类问题都没有统一的标准答案，它取决于你心中的那杆秤，换言之，你的期望值是多高？你的期望值的现实性与可行性有多大？

许多人的压力并非来自现实世界，而是来自心中的"期望落差"。

小Y在初入行时对自己期望值过高，对自我能力估计不够，因此两年内工作上并没有很大提高，业绩平平使得她更加失望。在没有达到自己的期望值的同时，又有着急于求成的心态，觉得自己应该被提拔重用，因此压力与日俱增，使其心理变得异常敏感和脆弱，并一步步造成心理困境。

工作刚刚两年，就想升职。这可能吗？这现实吗？不知今天的年轻人是否知道，过去各个行业学徒的标准是三年，三年方可满师，也就是说当个正式员工使用。你才两年，最底层的活你不干谁干？升职的好事怎么可能轮得上你？

现在有句流行语："你以为你是谁呀？"你是本科毕业怎么了？你是研究生毕业又怎么了？老实说，在企业里，谁能干活、谁能为公司挣钱才是硬道理。你才来两年就想升职，有没有问过自己，我的专业技能到了什么程度？我为公司做出了什么样的贡献？总之，你的期望要与你的能力、你的贡献匹配起来，才是一个正确的期望值！否则，必会形成期望落差，并给自己带来众多伪压力。

不是也有与我同时进公司的人干得风生水起吗？小Y可能会不解地发问。

是的，任何一个人都可以在自己应归属的层面上干得风生水起。他干了他该干的事，他干好了他该干的事，必会得到领导的青睐。虽然他没有升职，但却有可能进入了领导提干的视野，而他又认为这已经是目前所能达到的最佳状态，也就是说，满足了他的期望值。于是，他就进入良性循环。

反观小Y，因为自己的期望值过高，引发了期望落差。这种落差势必扭曲了她的心态，于是就出现了文中所描述的她看谁都不顺眼。她看别人不顺眼，别人看她会顺眼吗？当然不会！这样他的人际关系又要出问题了。她的压力当然越来越重，生存状态越来越差。这就进入恶性循环。

谨记著名历史学家范文澜曾给他的学生写过一副对联"板凳要坐十年冷，文章不写一句空。"

刚入行的人，少不了坐冷板凳的过程。你得理解这一点，接受这一现实。

**我来支招**

无论顺境还是逆境，总会有令人紧张、感到压力的时刻降临，尤其那些事业刚刚起步的年轻人。压力取决于我们自己的心态。心灵的房间，不打扫就会落满灰尘，落满灰尘的心，会变得灰暗和迷茫。我们每天都要经历很多事情，开心的，不开心的，都在心里安家落户。有些痛苦的情绪和不愉快的记忆，如果充斥在心里，就会使人萎靡不振。所以，扫地除尘，能够使黯然的心变得亮堂；把事情理清楚，才能告别烦乱；把一些无谓的痛苦扔掉，快乐就有了更多更大的空间。只有适时减压，才能保持良好的心境。

正确地评价自己也是非常重要的。我们要永远保持一颗平常心，不要与自己过不去，把目标定得高不可攀，凡事需量力而行，随时调整目标，未必是弱者的行为。另外，面对压力也要有心理准备，要充分认识到现代社会的高效率必然带来高竞争性和高挑战性，对于由此产生的某些负面影响要有足够心理准备，免得临时惊慌失措，加重压力。同时心态要保持正常、乐观豁达，不为逆境心事重重。

与其抱怨不如努力。所有的失败都是为成功做准备，抱怨和泄气，只能阻碍成功向自己走来的步伐。放下抱怨，心平气和地接受失败，无疑是智者的姿态。抱怨无法改变现状，拼搏才能带来希望。真的金子，只要自己不把自己埋没，只要一心想着闪光，就总有闪光的那一天。纵观古今中外，很多人生的奇迹，都是那些最初拿了一手坏牌的人创造的。不要总是烦恼生活，不要总以为生活辜负了你什么，其实，你跟别人拥有的一样多。

**延伸阅读**

博士猫与本科鸡的故事

一只博士猫被分到一个动物研究所上班，成为这个所里的学历最高者。

有一天周日，闲着没事，博士猫到单位的池塘里去钓鱼，恰巧一正一副两个鸡所长也在钓鱼。

博士猫向他们点了点头，心想，这两个本科生，有什么共同语言呢？

不一会儿，正鸡所长放下钓竿，伸伸懒腰，蹭蹭蹭从水面上如飞地走到对面上厕所。

博士猫眼睛瞪得都快掉下来了。水上漂？不会吧？这可是一个池塘啊。鸡也会在水上走？

正鸡所长上完厕所回来的时候，同样也是蹭蹭蹭地从水上漂回来了。

怎么回事？博士猫又不好去问，自己是博士生哪！

过一阵，副鸡所长也站起来，走几步，蹭蹭蹭地飘过水面上厕所。这下子博士猫更是差点儿昏倒：不会吧，到了一个江湖高手集中的地方？

博士猫也内急了。这个池塘两边有围墙，要到对面厕所非得绕十分钟的路，而回单位上又太远，怎么办？

博士猫也不愿意去问两位所长，憋了半天后，也起身往水里跨：我就不信本科生能过的水面，我博士生不能过。

只听咚的一声，博士猫栽到了水里。

两位所长将他拉了出来，问他为什么要下水，他问："为什么你们可以走过去呢？"

两所长相视一笑："这池塘里有两排木桩子，由于这两天下雨涨水正好在水面下。

我们都知道这木桩的位置，所以可以踩着桩子过去。你怎么不问一声呢？"

# 七、我不知道该怎么选

**真情倾诉**

朋友Jay最近相当烦躁，原因却是一个看上去很美的差事：公司打算派他到美国总部，拿工作签证，两三年后就有可能拿到绿卡。Jay 在一家跨国服装品牌巨头公司做产品，拿现在时尚圈很流行的词来讲，他的工作就是"买手"，当然，"白领"也是他的一种身份。

每年公司的服装都会出成千上万的新款，他负责从中挑选出若干适合于中国市场的货品。现在，每年他至少要出差去总部十来次，而且已经到可以坐公务舱的级别。在大部分人看来，Jay 的工作实在是完美，堪称白领的典范。在公司里他的职位很关键，做的事情够时髦，而且还很实惠：他自己本人就是这家品牌的狂热粉丝，当年就是靠在圈子里的名声而被公司招至产品部，现在样品间里过了季的衣服鞋子随便拿来穿，至于收入，年薪差不多有 20 万元。

不过，他烦躁的原因也正在这里：到美国总部，公司负责提供住处和车，但工资每个月只有 3000 美元。在公司看来，派你去总部是对你能力的认可，也意味着提拔的可能性，但在 Jay 自己看来，3000 美元的收入比他在上海也多不了多少，去总部他所能掌管的事情肯定比上海少，而且离开上海本身就是巨大的冒险，谁知道两三年里在上海会有什么样的机会，或者说，谁知道两三年里上海的房价会涨成什么样。更何况，今年年初 Jay 刚刚结婚，如果去美国工作，要么和新婚妻子白天黑夜相隔，要么妻子就得放弃在上海也算是典范白领的工作和收入跟他一起去美国，一切从头开始。

---

### 冷静思索

人是万物之灵，也是一个矛盾体，容易陷于动机冲突之中。我们的许多烦恼、许多压力就是来源于这种动机冲突，常常难以做出抉择。Jay 正是如此。

动机冲突有四种形态：

一是双趋冲突：有两个目标或者情境，我们同时都想接近，但事实上不可能同时得到，接近其中的一个目标或情境，就将失去另一个目标或情境。正如孟子所言："鱼，吾所欲也，熊掌，亦吾所欲也，二者不可得兼……""生，吾所欲也，义，亦吾所欲也，二者不可得兼……"

生活中，有大量这样的情境：既想收入丰厚，又想悠闲清静；既想乡村的宁静，又想城市的繁华……

二是双避冲突：有两个目标或者情境，我们同时都想回避，但事实上不可能同时做到，我们必须接近其中的一个目标或情境。

例如，在职场中，作为推销员，既不想业绩在他人之后，又不想多多接触客户，因为那不免要看人脸色；作为主管，既不想负起应负的责任，又不想丢掉自己的权力与待遇……

当然，这是不现实的。

三是趋避冲突：在同一个对象或情境中，我们想要其中的一部分，不想要其中的另一部分。但这个对象与情境是作为一个整体而存在，正如一张纸的正反两面。想要就得一起要；想不要就得一起不要。《巴黎圣母院》中的卡西摩多的心灵极美，外貌极丑。你要他美好的心灵，就得接受他丑陋的外貌；你不想接受他丑陋的外貌，也就得不到他美好的心灵。这就是艾斯米娜塔面临的两难选择。

上文中的"白领"Jay遇到的也是这种情况，去美国一方面意味着得到领导的赏识，另一方面也得接受今后发展的潜在风险，考虑妻子的去向问题。

四是多重趋避冲突：在实际生活中，我们常常面对两个或两个以上的目标，而每个目标都具有吸引力和排斥力，这时就不能简单地接近一个目标而回避另一个目标，必须进行多重选择。比如，学生在择业时，可供选择的岗位各有利弊，这需要他们慎重考虑。

以上就是人类在选择时常面临的几种冲突，陷于这样的冲突并不可怕，可怕的是长期陷于这种冲突而不能自拔。

我们必须走出动机冲突，否则内心将得不到安宁，我们的事业也将大受影响。

**我来支招**

如何走出动机冲突？

其一，你得恪守一个信条：世上不可能好事都归你，坏事都归别人。相反，老天也是公平的，好事也不可能都归别人，坏事都归你。况且世上也没有绝对的好事、绝对的坏事。好事中有坏事，坏事中有好事。关键是你怎么看待一件事情。

其二，多一些积极的心理，没准你正在为之烦恼的事情，别人羡慕还羡慕不来呢！说个前不久看到的小故事。相同的环境，不同的两位员工的感受竟然会完全不同。

小王和小章都是软件开发人员，由于公司成立了新的开发组，开发经理准备把他们调入新的组里。开发经理把这个想法告诉了他们，但他们的反应却完全不同。小王认为，"开发经理之所以这么做，是因为比较看重自己，说明自己的工作比较出色，在新的开发组中，要学习很多新的技术，这是一次难得的学习机会。另外，在新的组里，自己的发展空间会大一些。"而小章却觉得，开发经理是想将他从现在的组里排斥掉，难道是自己的工作不尽如人意？

两人截然相反的态度，为他们带来的压力也是不同的。小王会在今后的工作中更加努力，变压力为动力，很可能取得更大的成绩。而小章如果沉迷在消沉的压力中不能自拔，工作能力可能会真的不尽如人意。

其三，根据自己的价值观给事物或情境中好的因素与坏的因素进行权重。只要自己认为利大于弊，就能干。别老想有利无弊。孟子虽然鱼和熊掌都想要，在不能同时得到时，他选择了"舍鱼而取熊掌也。"生与义他也都想得到，在不能兼顾之时，他选择了"舍身而取义也"。这就是根据他的价值观做出的抉择。

就拿找对象来说吧，如果你觉得女子无才便是德，长得漂亮最重要。那你就去找漂亮女人，对她的学识就别太讲究了。如果你认为有文化、有修养最重要，那就去找才女，但别太多考虑她的长相。也许有人会说，我就是要找个又漂亮、又有文化、又贤惠的老婆。但这种人也许某一方面又存在不足。就算真有这么十全十美的人，说句让你扫兴的话，这样的女人可能不会选择你。

在工作中也是如此。如果你选择做学问，你也就选择了寂寞，否则你就做不出真学问、好学问；如果你选择了当领导，你也就选择了烦恼。官当得越大，烦恼也就越多。

可以断言，走出动机冲突，你会感到浑身轻松。当然，也许在不久的将来，你又会遇到新的动机冲突。生活就是这样，就是在解决一个又一个的困难和冲突中度过的。在这个过程中才能体会到人生五味，不断成长。

## 延伸阅读

### 难以想象的抉择

巴尼·罗伯格是美国缅因州的一个伐木工人。一天早晨，巴尼像平时一样驾着吉普车去森林干活。由于下过一场暴雨，路上到处坑坑洼洼，他好不容易才把车开到路的尽头。他走下车，拿了斧子和电锯，朝着林子深处又走了大约两英里路。

巴尼打量了一下周围的树木，决定把一棵直径超过两英尺的松树锯倒。出人意料的是：松树倒下时，上端猛地撞在附近的一棵大树上，一下子松树弯成一张弓，旋即又反弹回来，重重地压的巴尼的右腿上。

剧烈的疼痛使巴尼只觉得眼前一片漆黑。但他知道，自己首先要做的事是保持清醒。他试图把腿抽回来，可是办不到。腿给压得死死的，一点儿也动弹不得。巴尼很清楚，要是等到同伴们下工后发现他不见了再来找他的话，很可能会因流血过多而死去。他只能靠自己了。

巴尼拿起手边的斧子，狠命朝树身砍去。可是，由于用力过猛，砍了三四下后，斧子柄便断了。巴尼觉得自己真的什么都完了。他喘了口气，朝四周望了望。还好，电锯就在不远处躺着。他用手里的断斧柄，一点一点地拨动着电锯，把它移到自己手够得着的地方，然后拿起电锯开始锯树。但他发现，由于倒下的松树呈45度角，巨大的压力随时会把锯条卡住，如果电锯出了故障，那么他只能束手待毙了。左思右想，巴尼终于认定，只有唯一一条路可走了。他狠了狠心，拿起电锯，对准自己的右腿，进行截肢……

巴尼把断腿简单包扎了一下，他决定爬回去。一路上巴尼忍着剧痛，一寸一寸爬着；他一次次地昏迷过去，又一次次地苏醒过来，心中只有一个念头：一定活着回去！

# 八、身陷沼泽的"拖拉机"

## 真情倾诉

　　财务部的大伟被通知需要在半个月内提交一份公司的季度财务结算报表。在拖了数天之后，大伟决定在周末完成这份报告。在周日的午饭后，他无精打采地走向电脑，准备开始工作，刚想要写东西，却退缩了，下面就是随后发生的一系列事情。

　　当大伟坐下，准备写报告时，他想起家里的坐便器坏了很久，得去马上修好它。大伟走向卫生间，打开了工具箱。

　　他想，等他修好之后就去把报告搞定。这个想法让他觉得宽慰了许多。他把注意力集中在修理马桶上，并把内心里唠叨着的提醒抛诸脑后。

　　修好马桶后，大伟接到一个电话，是许久未联系的老友，他们闲聊了起来。跟老友闲聊了一阵儿以后，大伟挂了电话去做饭。

　　饱饱地吃完晚餐之后，他去小睡了一下。他对自己说："我稍后就开始，等我有精神了就开始。"

　　从"小睡"中醒来以后，大伟意识到，看晚间新闻的时间到了。他告诉自己：看完新闻以后，就是熬到深夜也要把报告做完。

　　新闻结束了，大伟回到电脑前。可是，他的手指好像不听使唤似的点开了"蜘蛛纸牌"，他随即又沉溺在游戏当中。

　　当他再次意识到时间时，发现已经是深夜了。他想："现在开始，就太晚了。我还是明天早点儿起来做吧。"这个新决定让他感觉好些了。

　　早上7点，他的闹钟响了。大伟匆匆忙忙地为上班做准备，根本没有时间写报告了。

　　到办公室以后，他决定先把眼前要忙的事情处理掉。等他打完电话回完邮件以后，午饭时间到了。

大伟没吃午饭，赶快写报告跟下午4点的截止时间赛跑，但他已经没有时间了。

疲惫不堪的他，以"情况比想象得复杂"为由，向老板请求推迟期限。老板同意多给他一天时间。

他屏蔽掉其他所有事情，完成了报告。

恼怒不已的大伟开始自责，他觉得如果早点开始的话，一定可以做得更好。

他发誓："下次我一定早点开始。"

但下一次报告又来了，他的拖延模式一如往昔。

### 冷静思索

中国青年报社会调查中心进行的一项调查发现，72.8%的人坦言自己患上了"拖延症"。有专家推算，全球可能有近10亿人患有拖延症。

你是不是也是其中一员呢？

我们来分析一下大伟的拖延症。

在拖延之前，他很可能已经体验到了某些不快情绪，这些不快情绪都与开始这项任务相关。

这些任务在他看来或者错综复杂，或者迟迟不能给他回报，或者让他觉得沮丧、不快甚至如临大敌。

他可能认为，某些任务必须在某种情绪中才能做，只有精神振奋了才能开始行动。他想要避开这种紧张，换到一条阻力最小的路上。

他想用一个让他更加安适的行为来转移情绪，来代替那些让他觉得不快的事情。

当这些负性情绪在他心底窃窃私语的时候，拖延就成了他再自然不过的一种反应。

当一个人拖延的时候，十有八九是在用一些压力小或不太重要的事，来代替被拖延的那件事。

他也可能在做一些压力小却更重要的事。但是，多数时候他横生枝杈，却只是做着那些无足轻重的"鸡肋"事务。比如，宁肯去读报纸上的连环漫画，也不去仔细研究复杂的政府新规章，虽然那些规章可能会极大地影响你的经营策略。

然而，不管你怎样处心积虑、刻意逃避，被拖延的任务通常并不会消失不见，令人不快的感觉往往还会纠缠不休。

### 我来支招

"能绕过去的困难绝不迎头上，实在绕不过去的困难硬着头皮也得上。"

面对不喜欢却必须要做的工作任务时，最好用理智引导自己，强行跨越情绪的障碍，踏上富有成效的道路。

通过观察和记录平时日常的行为，总结出行为的规律，看清楚拖延行为是怎么运作的，以及通过内心对话，与错误的思维积极辩论从而改变拖延思维。

将一个完整的大块工作分解成一个个小部分的工作。每完成一小部分工作，给自己一些鼓励。如做几个深呼吸、喝杯水、走动一下，或者安静坐在椅子上，闭目养神，强化自己的成功感情绪体验。

建立起你的忍耐力和持久性，使你即使面对不适的环境，也能坚定地沿着原路前行。

确定你的方向，落实在行动上，善始善终，运用你的知识，通过你的工作和成就取得成功。

虽然说："人无远虑，必有近忧"。

但今天毕竟是最现实的。

今天先把今天的事做好，而不要沉溺于对明天或将来的焦虑与担忧之中是非常重要的。对明天或将来最有益的准备是集中精力、智力、体力、热情做好今天该做的每一件事。

在今天对明天、后天有着深谋远虑是可取的，是智者之举，但若以放弃今天的享受、放弃今天的努力、拖延今天的工作为代价，那肯定是错误的。

总是活在昨天的人可悲；总是幻想着明天的人可怜。

踏踏实实过好今天，做好今天该做的每一件事，是最现实的、最佳的选择。对明天的事，我们可以考虑，可以谋划，但不必去担忧。

曾国藩在案头放了一块牌子，上面写道："今日事，今日毕。"把今天的事拖到明天，本身就是一种压力源。

## 延伸阅读

### 明日歌

（清）钱鹤滩

明日复明日，明日何其多？

我生待明日，万事成蹉跎。

世人若被明日累，春去秋来老将至。

朝看水东流，暮看日西坠。

百年明日能几何？请君听我明日歌。

### 寒号鸟的故事

在古老的原始森林，阳光明媚，鸟儿欢快地歌唱，辛勤的劳动。其中有一只寒号鸟，有着一身漂亮的羽毛和嘹亮的歌喉。它到处卖弄自己的羽毛和嗓子，看到别人辛勤劳动，反而嘲笑不已，好心的鸟儿提醒它说："快垒个窝吧！不然冬天来了怎么过呢"。

寒号鸟轻蔑地说："冬天还早呢，着什么急！趁着今天大好时光，尽情地玩吧！"

就这样，日复一日，冬天眨眼就到了。鸟儿们晚上躲在自己暖和的窝里安乐的休息，而寒号鸟却在寒风里，冻得发抖，用美丽的歌喉悔恨，哀叫未来："哆啰啰，寒风冻死我，明天就垒窝。"

第二天，太阳出来了，万物苏醒了。沐浴在阳光中，寒号鸟好不得意，完全忘记了昨天的痛苦，又快乐地歌唱起来。

鸟儿劝它，"快垒个窝吧，不然晚上又要发抖了。"

寒号鸟嘲笑地说:"不会享受的家伙。"

晚上又来临了,寒号鸟又重复着昨天晚上一样的经历。就这样重复了几个晚上,有一天晚上,突然大雪降临,天亮以后,鸟儿们奇怪寒号鸟怎么不唱歌了呢?大家寻找了很久,发现寒号鸟已被冻死了。

# 九、涨薪水的事黄了

**真情倾诉**

昨天被部门经理找去谈话——我苦盼半年之久的小范围调薪,报到公司高层后却被无情地判了死刑,高层给出的解释是CPI不断上涨,导致公司运营成本节节攀升。经理讲,调薪之事,看来只能放到年底再说了。

上午,财务部照例送来了每月的工资函。现在,将它再一次拿在手上,目光扫过这张苍白的A4纸,最后还是不由自主停留在了"本月实发:4499元"上。唉,这个数字对本人已经维持了一年不变,想想年底调薪或许还会出现变数,索性把工资函一下子扔回桌上,颓然跌进了座位之中。

按说,每月差1元钱就能挣到4500元,也应该不算太少了,已经进入了"白领"一族,是大多数人羡慕的对象。可谁过的日子谁最清楚,实际情况是:如果我不精打细算,甚至每个月都存在出现"赤字"的危险。

与很多同龄人相似,我每月最大的一笔开支是花费在房子上。去年这个时候,我倾尽前几年的全部积蓄,加上父母赞助的10万元,在邻近郊区的地段买了一处78平方米的两居室。做了可怜的"房奴",然后每月就必须雷打不动地偿还银行房贷将近1600元。由于买的是期房,到明年秋后才能拿到钥匙,我现在住的地方是与人合租,每个月至少也得掏出去1000元。

我生活中的第二大开销,当数谈情说爱了。与女朋友相处半年,两人的感情发展很好，感情好自然就希望能够多见面。我粗略算过，我们两人按每周见面两次、每次平均开支120元计算，每个月就需要花去1000元左右。

扣除以上两项大的开支，我每月的4500元工资，也就只剩下可怜的不到1000元了。而这不到1000元钱，却要支撑我的伙食、交通、通信等杂七杂八各项开支。

### 冷静思索

一条"2012中国新白领十项标准"的微博备受关注。

该标准为：①月薪2万元以上；②坚持健身和运动；③至少有两居室；④有15万元左右的代步车；⑤有固定的朋友圈子；⑥工作不局限于在办公室完成，工作远程化是未来趋势；⑦工作朝九晚五，有足够的闲暇时间；⑧有独特的娱乐方式；⑨重视低碳生活；⑩有钟爱的时尚品牌。这条微博被转载2万多次，评论3000多条，多数网友对照自身情况后在评论中自嘲不仅"未达标"，反而相去甚远。许多白领自嘲拖了"白领"的后腿。

这些既没有充分的科学依据，也不是什么权威结论，只不过是网友的"杜撰"，大可不必太当真。但是，从新白领标准的诞生到迅速传播开来，其实是反映了当下都市职场人一种焦灼的生活状况和心态。

你是一位年轻的白领吗？你是否面对薪水不够花的问题？我想大部分人都会说"YES"。"白领"，对有些人而言分明是一种调侃：每个月工资发下来，几乎一分不剩都要花光，可不就是不折不扣的"白领"吗？就像上文中的白领一样，他算的账一目了然，每项都是必需的，其中最重要的开支就是房子，可是房子能少吗？你想在一座城市拥有自己的"家"吗？如果回答"是"，那你就必须直面这个问题。所有的问题都一样，当你不想面对它时，如果可以逃避，你可以选择不面对，但是，不能逃避时，你就必须面对。不谈满心欢喜的接收，但至少解决它。

年轻的白领，可能比较看重收入，所以不断跳槽，以获得更高的工资，解决燃眉之急。怎么做都没有对错，但需要有所选择。也许现在辞职收入可以翻倍，但如果没有职业规划，没有积淀和提升，收入遇到瓶颈后就无法再往上走，只会走下坡路了。

高薪是每个白领追求的目标，身在职场，谁不希望自己的工作有一份令别人羡慕、令自己充裕的高额薪水？但电视剧《刘老根》中有一句耐人寻味的台词，说是"高官不如高薪，高薪不如高寿，高寿不如高兴。"可见高兴才是人生的最高境界。

有没有既高薪又高兴的职业呢？没有，天下没有免费的午餐，任何一位老板不会把一份轻松快乐收入又高的工作无端地奉送给你。高薪是有代价的，经常加班、没有休息日、无休止的应酬、与自己不喜欢的人打交道、难以排遣的压力、健康受损、衰老加速……面对高薪下的高责任、高压力，我们要做的不是埋怨和回避，而是如何调节高薪高压下不高兴的心态。

要知道，你能做"房奴"还是可以的，有很多人连房奴都做不起、不敢做。我们或许会抱怨这个社会，房价太高，中国人不仅活着的时候住不起房，甚至死了连一块墓地都买不起。夫妻双方结婚，往往需要掏空两个家庭，甚至还不够。想想觉得悲哀，父母辛苦到五六十岁，就为了儿子娶个媳妇。这时候，你让一个人说出社会对他的不公，他能巴拉巴拉的说一大堆。从房价说到自己英雄无用武之地等。这种人相当普遍，个人有多大能耐，自己也说不清，社会需要什么样的人，心里更不清楚，总觉得自己是社会的"弃儿"。就像悬在半空中的"风筝"，你让他飞高些，他也上不去，让他回到地上踏踏实实地做人，又不甘心。人要知足常乐，鱼和熊掌不可兼得。或者你可以有所规划，在职业之初的前十年还是二十年，修炼自己的能力，改变自己适应社会，水到渠成时，鱼和熊掌都会自动跑到你的手心。

人在满足之余，应该想想，我对我现在的状况很满意，但是，我能不能做得更好。这时候，你就要适当改变自己，来适应这个不断变化发展的社会。摆不正个人与社会的关系，只图社会迁就自己，而不肯改造自我，那你只能永远活在怨天尤人中。让你满足，不是让你停滞不前，而是让你在一种平和的心态下，寻求自我改变和进步，不至于心烦气躁、急功近利。

**我来支招**

学会记账提升安全感。白领要想在收入和存款上找寻安全感，除了要开源之外，还要注意节流，尤其要学会理财之道。除了基金、股票、储蓄等常规理财方式之外，白领应学会记账。不少人觉得记账记的都是鸡毛蒜皮，记不记无所谓，其实，这种想法大错特错。目前这种消费模式下，记账更有必要。现在进入刷卡社会，网购、团购、刷手机购物等消费方式琳琅满目，坚持记录规划、合理配置这些理财数据，5年、10年之后，对一户家庭的生活品质可能会起到重要的影响。有对比调查显示，善于记录规划生活收入开支的家庭，年终节余会增加三分之一以上。开源和节流同样重要，关键是要找到适合自己的理财之道。

学会比较。几乎从小，我们就被比较，不如谁谁谁，自己永远是最差的。只要自己说一句，那谁谁谁，还没有我好呢，父母立马纠正你的观点，"你怎么不跟好的比"。我们习惯于拿自己最坏的一面跟别人最好的比，觉得自己就什么都没有了。每家都有一本难念的经，要多想想我们已经拥有的。比如上文中的白领，有女朋友、有一份不算太差的工作、有一套按揭的房子，有着别人的羡慕。当你感到薪水不够，满怀斗志想奋斗的时候，你就跟比你好的人比，当你觉得自己不知足的时候，看看不如你的人。

积极开源。现代社会是一个开放的社会。本职工作之外，是否可利用自己的一技之长做点可能的兼职？也许你要说，这太累了！可天底下没有不劳而获的事呀！如果兼职是不可能的，那就试图在自己的本职工作上练就独门绝技，大幅提升自己的市场价值。老板心里有数得很，他一定知道出多少薪水才能留得住你的人，留得住你的心。

**延伸阅读**

知足常乐

人生原无病 / 不少因自作 / 想想病疾苦 / 无病即是福

想想饥寒苦 / 温饱即是福 / 想想生活苦 / 达观即是福

想想世乱苦 / 平安即是福 / 想想牢狱苦 / 安分即是福
本是长寿人 / 自使命短促 / 奉劝世间人 / 知足便常乐
羡慕人家生活好 / 还有人家比我孬 / 莫叹自己命运薄 / 还有他人比我恶
为非作歹内疚苦 / 多愁多虑病来磨 / 行善积德福泽多 / 吉人自有天相协
为人在世一生中 / 无病无灾应知足 / 烦恼都因想不开 / 忧愁皆为看不破
人家骑马我骑驴 / 仔细思量叹不如 / 回看还有推车汉 / 比上不足比下余

### 满足和改变

一个大学毕业后到处求职失败的青年,在苦闷的旅途中遇见一位智者。智者坐在一棵大树下,脸庞清瘦而神态安详,衣衫褴褛但身体健康。

于是青年走到智者的面前,问:"您对现在的生活满意吗?"

"满意。"智者回答。

"您是怎么做到满意的?"

"学会满足。"

青年想了想,继续问道:"那您从出生到现在一直都对自己的生活满意吗?"

智者微微摇了摇头说:"不是。"

青年紧接着问:"那感觉不满意的时候,怎么办?"

"学会改变。"

# 十、那无边无际的欲念

## 真情倾诉

A从小生活在不太富裕的家庭里,父亲是一名普通工人,母亲由于身体不太好一直都没有工作,但他们依然供他上好学校。在学校里不时有同学嘲笑他的家庭和贫穷，A只是默不作声，心里却暗暗发誓一定要出人头地给父母争口气，给自己争口气。

考上大学后，A在业余时间出去打工，为自己赚生活费，积累工作经验。毕业后，进了一个私营企业工作，他开始往自己的目标努力奋斗，一步一步做起。工作一直都很辛苦，家里父母虽然不催他赚钱养家什么的，他自己却感到压力很大。下班回家的路上总是很迷茫，不知道自己到底应该怎么做，怎样才能升职，才能走向成功。每当那个年纪比自己还小的经理开着跑车从他面前经过时，他都觉得愤愤不平，心里更加憋屈。

功夫不负有心人，逐渐积攒了一定积蓄之后，A便开始独立创业，事业发展渐入佳境。随着公司越做越大，如今的他已经有了很好的物质生活享受，父母也安定下来。然而，他仍不满足，想要得到更多。

在某次偶然与国外一家公司的老板交谈中，A萌发了要让公司跨国化的想法。那一晚，他彻夜未眠。第二天就开始着手筹备，批文件、开会、签合同，每天都忙得焦头烂额，经常整夜不回家，吃饭也经常用盒饭凑合。父母担心他，总是劝他别这么拼命，现在的生活已经很好了，身体健康更重要，可他却从不放在心上。

生活上，A也不甘落后，换了别墅，买了豪车，各种设施全都换成最新、最高档的，生活越来越奢侈。当看到身边的朋友流露出羡慕的眼神时，他的虚荣心和成就感得到了极大的满足，他享受这种感觉，想要得到更多。他拼命赚钱，因为只有更多的金钱才能维持他不断升级的生活，压力也越来越大。每当公司遇到问题时，他的脑海里都是被人嘲笑和讽刺的画面，使他更加焦虑。

终于有一天，他在公司晕倒了。当他看到检查结果上写着胃癌晚期时，才第一次在心里问自己：这外表光鲜的一切，都是为了什么？

## 冷静思索

人性的弱点之一是我们想要的太多太多。

这是一个到处充满诱惑的世界。

这也是一个比拼"拥有"的时代。

于是，俗人们（世界上绝大多数人都是俗人，的确有清高者，但"清高者"中的大多数是因自身的不成功而故作清高）便涌现出无休无止、无边无际的欲念。于是，人性的弱点就显示出来了，那就是想要的太多太多。

人们想要名誉，人们也想要地位；人们想要金钱，人们也想要尊严。官阶刚上一级，没来得及高兴几天，眼睛又盯着更高的位置了；没赚到什么钱的时候，还觉得自己蛮富裕的，有了钱了，倒认为自己怎么是穷人了。高学历者感到囊中羞涩；小老板们怨恨自己虽有俩钱，但社会地位怎么也上不去，社会上有些人花了咱的钱，却还是瞧不起咱。因之，大家都在抱怨，大家都认为自己过得不怎么样。因之，人人都骂世道不公，人人都叹人心不古。

其实，社会资源虽然很丰富，但"弱水三千"，你"只能取一瓢饮"。你想占尽世间的所有好事吗？你可以这么想，没人能阻止你，但事实是你不可能得到。如果说能得到什么的话，那只能是沉重的压力感与心力交瘁。

**我来支招**

面对"想要的太多太多"，有两种应对方案：

一是我们能不能放弃点什么？也就是说，我只要对我来说是最重要的，其他的能得到就得到，得不到也不必难受。

确实，让人们放弃什么是困难，轮到谁头上都难。但生活的法则却是：只有获取没有放弃是不可能的。

常言道："有得必有失，有失才有得"。可惜的是，知道这话的人很多，能做到这一点的人却屈指可数。

所以我们要学会放弃，为得到而放弃。

想得到所能想到的一切，是人类的一种普遍心态。

生活中，大部分人心里都在想如何更多地"拥有"，如面子、金钱、地位、权力、信任、知识、经验、能力、学历、人际关系。一样都不能少，通吃最好。

结果是想拥有的越多，心理包袱就越大、越重。其实，我们可以放弃一些，拥有的太多，不也累得慌吗？更进一步说，不是我们一定要放弃，而是在得到的同时必然要有所放弃。"通吃"是一种美好的愿望，不是客观的现实。

如果你要见识世界，你就要背井离乡；

如果你想成为明星，你的私生活就再也别想得到保密；

如果你想在科学界崭露头角，你就要放弃大量的娱乐活动甚至家庭生活时间；

如果你想在公司得到升迁，你就得比别人干得更多、干得更好；

如果你什么也不想干，你就得远离许多物质生活的享受，因为社会只能为你提供最低生活保障；

……

拥有一些对我们来说是最重要、最必要的，放弃一些对我来说是不那么重要、不那么必要的，你就会轻松得多。

进而言之，你见过谁是什么都得到的？

每个人得到什么的时候，都会失去点什么，与其为失去的而懊恼，不如主动地去放弃它。这就是辩证法。

二是如果什么都舍不得放弃，那就承认现实。有时，承认了现实，也会减轻压力。

## 延伸阅读

### 十不足

[明] 朱载育

终日奔忙只为饥，才得有食又思衣。

置下绫罗身上穿，抬头又嫌房屋低。

盖下高楼并大厦，床前却少美貌妻。

娇妻美妾都娶下，又虑出门没马骑。

将钱买下高头马，马前马后少跟随。

家人招下数十个，有钱没势被人欺。

一铨铨到知县位，又说官小势位卑。

一攀攀到阁老位,每日思想要登基。

一日南面坐天下,又想神仙来下棋。

洞宾与他把棋下,又问哪是上天梯。

上天梯子未坐下,阎王发牌鬼来催。

若非此人大限到,上到天上还嫌低。

## 他为何活得那么累

一个人觉得生活很沉重,便去见哲人柏拉图,以寻求解脱之道。

柏拉图没有说什么,只是给他一个篓子让他背在肩上,并指着一条沙石路说:"你每走一步就拾一块石头放进去,看看有什么感觉。"那人开始遵照柏拉图所说的去做,柏拉图则快步走到路的另一头。

过了一会儿,那人走到了小路的尽头。柏拉图问他有什么感觉。

那人说:"感觉越来越沉重。"

"这就是你为什么感觉生活越来越沉重的原因。"柏拉图说,"每个人来到这个世界上的时候,都背着一个空篓子,在人生的路上他们每走一步,都要从这个世界上拿一样东西放进去,所以就会有越来越累的感觉。"

那人问:"有什么办法可以减轻这些沉重的负担吗?"

柏拉图反问他:"那你愿意把工作、爱情、家庭、友谊哪一样拿出来呢?"

那人听后沉默不语。

柏拉图说:"既然都难以割舍,那就不要想背负的沉重,而去想拥有的快乐。我们每个人的篓子里装的不仅仅是上天给予我们的恩赐,还有责任和义务。当你感到沉重时,也许你应该庆幸自己不是另外一个人,因为他的篓子可能比你的大多了,也沉重多了。这样一想,你的篓子里不就拥有更多的欢乐了吗?"那人听后恍然大悟。

# 十一、为什么"我不行"

**真情倾诉**

"我不行"先生没有包公那样的黑脸，也没有武大郎那样矮小的身材，他跟平常人没有什么两样。然而，先生总以为自己脸黑、身材矮小，逊人一等。先生做事有一大特点：凡是没有百分之一百二的把握他不做。别人不会做的事，请他做，他会说："我不行！"

因为说这三个字的次数太多，这三个字变成了他的雅号。

读完这文章，我掩卷沉思："我不行"先生究竟是谁？是你，是我，还是他？

我的哥哥就是一个"我不行"先生，他擅长画画，他的画贴在家里，到他家去的人看到总会竖起大拇指说："棒！"可是，我请他再画一幅给我时，他拿起画笔就照墙上的画去画，我说："为什么不自己创作一幅呢？"他顺口抛出一句："我不行！"哥哥看到我能在学习机上打字，也要学。我把有关书籍往他面前一放，他几乎晕了，睁着大眼睛："要看这么多书啊？我不行。"噢，My God！他又来了。

也不知道什么时候，我们班的同学与"我不行"先生打上了交道。上课时，老师在上面讲得"眉飞色舞"，同学在下面鸦雀无声，一个个都是那么"认真"！老师提的问题总是寥寥无几的同学"承包"。同学们都不会答吗？非也！有的同学怕答错了，闹笑话，默默无闻做一个"我不行"先生。有的同学是不愿意回答问题，他们也许想：反正有人"承包"，少我一个又何妨。他们甘愿做一个不喜欢出头的"我不行"先生。

> 冷静思索

中国人常挂在嘴边说的一句话就是"我不行"。也不是不想成就大事，但一遇到困难，一个念头就出现在脑海中了，哟，这事恐怕不是我能做的，算了吧。

但看到别人"行"的时候又每每不服气，"那小子又不怎么样，他竟然会取得成功？上天啊，你真不公平，这种好事怎么就轮不到我头上？"

如果说，我们在许多时候，不能到达成功的彼岸，不能跃上事业的巅峰，是因为自己耽误了自己，这话你信吗？

这里先给大家介绍两个心理学概念——自我效能感与习得性无力感。

自我效能感由美国著名心理学家班都拉率先提出，它是指人对自己是否能够成功地进行某一成就行为的主观判断。这种主观判断由两种期待——结果期待与效能期待所构成。结果期待是指对自己行为与行为结果关系的推测。如果预测到某一特定行为将会导致特定结果，那么这一行为就可能会被激活、被选择。比如说，某学生认为上课注意听讲就能得到好成绩，那么他就会去认真听讲。效能期待是指人们对自己能够进行某一行为的实施能力的判断，也就是说，是否确信自己能够成功地完成某一预期行为，并取得令人满意的结果。当确信自己有能力进行某一活动，便会产生高度的自我效能感。由此可知，自我效能感是指一个人在进行某一活动前，对自己能否有效地作出某一行为的判断，也就是人对自身行为能力的主观推测。请注意，这是一种主观推测，它不一定与自己客观上所拥有的能力完全相匹配。但有一点可以肯定，如果你自己都不相信自己，认为自己做不好这件事，这件事做得很圆满的可能性不会很大。

虽然我们没有清晰意识到，但实际上客观存在的一个事实是：当我们在接受一个任务或者遇到了困难时我们常常会问自己"我能否胜任这项工作？""以我的能力能应付眼前的困难吗？"对于这种自我判断的问题的回答即体现了一个人的自我效能感的高低。而一个人的自我效能感的高低决定了其对成功的难易程度的看法。

班都拉等人的研究表明，自我效能感具有以下功能：

其一，它影响着人们对活动的选择。自我效能感高的人倾向于选择富有挑战性的任务，接近自身能力极限的工作，而自我效能感低的人则相反。

其二，它影响人们在困难面前的态度。自我效能感高的人敢于通过坚持不懈的努力克服困难；而自我效能感低的人在困难面前则常常退缩、胆怯、轻言放弃。

其三，它影响活动时的情绪。自我效能感高的人热情洋溢、情绪饱满、富有自信；而自我效能感低的人则充满恐惧与焦虑。

其四，它影响人们的注意指向。自我效能感高的人能将注意力和努力集中于情境的要求上，集中于活动本身；而自我效能感低的人将潜在的困难看得比实际上更严重。他们将更多的注意力集中于可能的失败和不利的后果，而不是如何有效地运用其能力实现目标。

自我效能感低下的极致状态就是习得性无力感。它是指个体接连不断地受到挫折，便会产生无能为力、听天由命的心态。我们总认为自己不行的原因，并不是来自于我们所经历的种种挫折以及失败，而是经历了这些事件之后我们所产生的心理暗示、心理压力。它影响了我们的自我认知，对自己的能力、意志力等个性品质产生了怀疑。往往这种怀疑会使我们尽量回避与外界接触，从而减缓自卑的压力。时间长了，这种逃避心理会使我们遇到事情不敢积极面对，而只是消极退缩，而这种退缩正好验证了自己一开始的"预言"——我不行。

在生活、学习、工作中，我们一定要给予自己积极的心理暗示，要相信自己的能力，要多回想自己成功的经历，要能够看到与自己的水平差不多的示范者取得的成功，这样都可以提高我们的自我效能感。当面对困难、挑战的时候，一定要不断地对自己说："我一定能做好！"当你真正具备了这种积极健康的心态的时候，当你能够从容地分析客观世界的时候，你会逐渐发现成功真的没有我们想象的那么难，成功正在向自己慢慢地靠近。罗斯福曾经说过："我们唯一该怕的是'恐慌心理'。"正是这种对成功的恐慌心理使得许多人对成功望而却步。

特别提醒：自卑感的产生不是来自于各种"事实"或者"经验"，而是来自于对这些事实和经验的分析和评价。

### 我来支招

我们应当时时告诉自己:

我不可能什么都行,也不可能什么都不行,在一个特定的领域、在一个特定的时间、在一个特定的条件下,我就是行,比任何人都行。

我这一次不行,并不意味着我下一次不行,更不意味着我永远不行。

我现在不行,并不是因为我的潜能不行,而是由于努力不够,坚持下去,继续努力,我就能行。

上帝给予我们的时间与智慧足够我们成就一番事业,我们完全可以有很大的作为,取得很大的成就,可以拥有我们想拥有的一切——一切皆有可能。

### 延伸阅读

#### 习得性无力感

心理学家塞里格曼做过这样一个实验:在实验中先是将狗固定在架子上进行电击,狗既不能预料也不能控制这些电击。在这之后,他们把狗放在一个中间用矮板墙隔开的实验室里,让它们学习回避电击。电击前10秒室内亮灯,狗只要跳过板墙就可以回避电击,对于一般的狗来讲,这是非常容易学会的。可是,实验中的狗绝大部分没有学会回避电击,它们先是乱抓乱叫,后来干脆趴在地板上甘心忍受电击,不进行任何的反应。

塞里格曼认为,动物在有了"某些外部事件无法控制"的经验之后,会产生一种叫作习得性无力感的心理状态,这种无助感会使动物表现出反应性降低的消极行为,妨碍新的学习。后来,以人为被试的研究也得出相似的结论。

#### 成功并不像你想象得那么难

1956年,一位韩国学生到剑桥大学主修心理学。在喝下午茶的时候,他常常到学校的咖啡厅或茶座听一些成功人士聊天。这些成功人士包括一些诺贝尔奖获得者,某一些领域的学术权威和一些创造了经济神话的人,这些人幽默风趣,举重若轻,把自己的成功都看得非常自然和顺理成章。时间长了他发现,在国内时,他被一些成功人士欺骗了。那些人为了让正在创业的人知难而退,普遍把自己的创业艰辛夸大了。

作为心理系的学生,他认为很有必要对韩国成功人士的心态加以研究。1970年,他把《成功并不像你想象得那么难》作为毕业论文,提交给现代经济心理学的创始人威尔布雷登教授。布雷登教授读后,大为惊喜,他认为这是个新发现,这种现象虽然在东方甚至在世界各地普遍存在,但是此前还没有一个人大胆地提出来并加以研究。惊喜之余,他写信给他的剑桥校友——当时正坐在韩国政坛第一把交椅上的人——朴正熙。他在信中说:"我不敢说这部著作对你有多大的帮助,但我敢肯定它比你的任何一个政令都能产生震动。"

后来这本书果然随着韩国的经济起飞了。这本书鼓舞了许多人,因为他们从一个新的角度告诉人们,成功与"三更灯火,五更鸡""头悬梁,锥刺股"没有必然的联系。只要你对某一事业感兴趣,长久坚持下去就会成功,因为上帝赐予你的时间和智慧够你做完一件事情。后来,他成了韩国现代汽车公司的总裁。

# 十二、迷失了自我

**真情倾诉**

本人20岁,男,目前在国内一线城市工作,有不错的收入。因为生长在离异的家庭,我比同龄人自立得更快一点,工作蒸蒸日上,交际圈也越来越广,但却渐渐地发现自己越来越追求物质,周末晚上就和狐朋狗友去酒吧玩得夜不归宿,缓解工作的压力,并且一点儿也不开心,每晚一个人回到家就开始不停地喝酒抽烟。不管是工作还是生活,都不能让我满意,我不知道自己想要什么,只觉得越来越看不清自己。

**冷静思索**

是谁在清晨睡眼惺忪淹没在匆匆上班的人潮中？是谁在深夜披星戴月奔波在归家的路途？是谁打拼在江湖，差点儿忘记当年睡在上铺的兄弟？

职场白领，一个庞大的人群，正面对着巨大的压力，来自生存，来自工作，来自竞争，来自内心不停歇的欲望。这些压力让他们像一只陀螺，被命运的鞭子抽中，再也不能休息。健康、朋友、快乐，都渐渐远去。有一点无奈，有一点辛酸。

案例中，这位职场男士心里十分煎熬，在不断前进的过程中迷失了自我，很困惑。这鲜明地代表了一种生活状态：在生活和工作中都充满了竞争，他们从底层奋斗，短时间达到了不错的成绩，不停的快节奏的工作，但是很快又不满足，或者说物质上的满足不代表精神上的满足。乍看上去，他的业余生活也丰富，但根据马斯洛的需要层次理论，人的需要由低到高依次为：生理需要、安全需要、社会需要、尊重需要及自我实现需要，白领们在生理、安全及社会需要得到满足后，自然就会追求高层次的尊重需要及自我实现需要。上文的男士在工作中不知道自己要实现什么，只能用抽烟喝酒来麻痹自己的神经，暂时的麻痹也可以。每天都活得很痛苦，工作蒸蒸日上又怎么样？对于现在不断追求物质的自己，他似乎很是瞧不起，但在老家，自己可能又是同龄人羡慕的榜样，只是在这个国内一线城市，却还是没有找到自己的归属感，所以也没有觉得好到哪里去，不知道日子怎样才能过得简单一些。

其实在大多数时候，是我们自己把生活想得复杂了。没有目标，不知道自己现在追求什么，或者说永不满足于现状。那么从现在起，每天下班回家后，停下来，想想自己大学时奋斗的目标，那时的人生理想。诚如上文所说，自己就像陀螺，被抽着，不得不高速运转，停不下来。但是每天半个小时的时间都没有吗？哪怕就是你入睡前的半个小时，想一想。不仅可以想以后，还可以想想今天的工作所得。你会发现，其实你每天都在进步。人不可能没有目标，就是乞丐，他也会想着，我明天怎样才能"乞讨"到更多的钱，哪个地段可能会好一些。话说回来，20岁的年轻人，你处在人生最绚烂的年纪，在迷茫中成长是必需的。失败一次不可怕，你有失败的资本。再说，你本来就没有什么，再失败也不会比起点差，至少你收获了宝贵的经验。在这个经济转型的时代，时代的车轮轧过，白领正在经历由精英阶层向大众阶层的痛苦蜕变。白领们曾经拥有的一切被一点点地剥夺，如果你不迎难而上，那么就会坠入社会的底层。所以宁愿做过、不要错过！

### 我来支招

辞旧迎新，做一个计划白领。这个话，谁都会说，但是真正做到的有几个。计划不要太远、太空，因为长期计划往往因为各种偶然和必然因素而搁浅，让人有遥遥无期之感，遂而多数中途放弃，而短期计划却能使人看到终点，从而动力十足，奋力拼搏，每到一个终点，在前一计划所获得的知识基础上再制订下一个计划，这样如登梯般反而更易成功！

周末会狐朋狗友可以停了，你也知道是狐朋狗友，还来往，不是傻子吗？为了应酬，偶尔出去那是毋庸置疑的，但无目的的放纵，那代表你真不成熟。每晚回家的抽烟喝酒也适可而止，在你生活的城市，选一个离家近的健身中心，锻炼完后，冲澡回家，不失为一个减压的好方法。周末，可以去一个临近的城市，来个一日游，花费不多，还有益身体健康，带上女朋友，加深感情，一举多得。

### 延伸阅读

#### 你也在井里吗

有一天，某个农夫的一头驴子不小心掉进一口枯井里，农夫绞尽脑汁想办法救出驴子，但几个小时过去了，驴子还是在井里痛苦地哀号着。最后，这位农夫决定放弃，他想这头驴子年纪已经太大了。于是，农夫请来左邻右舍帮忙，想把井中的驴子埋了。邻居们人手一把铲子，泥土一铲铲进了枯井。但出人意料的是，这头驴子好像安静下来了，农夫好奇地往井底探头，出现在眼前的景象令他大吃一惊：当泥土落在驴子的背部时，驴子便将泥土抖落在一旁，然后站到铲进的泥土堆上面。就这样，驴子将大家铲倒在它身上的泥土全数抖落在井底,然后再站上去。很快,这只驴子便得意地上升到井口,然后在众人惊讶的表情中快步地跑开了!

温馨提示:在生命的旅程中,有时候我们难免会陷入"枯井"里,各式各样的"泥沙"可能会倾倒在我们身上,而想要从这些"枯井"脱困的秘诀就是:将"泥沙"抖落掉,然后站到上面去!

## 十三、性骚扰——难以启齿的痛

**真情倾诉**

　　刘丽是个文静内向的女孩子,初入职场的她发现上司李明对自己的特殊"关爱",人前人后,对她的称呼总以"我们丽丽"开头。

　　一开始,刘丽不认为这样的叫法有什么不妥,就像好多年长的前辈称呼她,倒也挺亲切。

　　但两年过去,刘丽逐渐脱掉刚进公司时的稚气,在工作上,也能独当一面了。而李明,依然亲热地喊着"我们丽丽",这种出格的亲热,使刘丽从无意识渐渐转化为恼怒。

　　但刘丽也不想轻易得罪李明,只是明里暗里委婉暗示过几次,也不知是他没听出来,还是她说得太含蓄,李明依然如故。

　　语言攻势之外,还有肉体袭击。李明常以各种名义制造和刘丽单独相处的机会,要么眼神灼热地盯着刘丽,盯得她头皮发麻,要么动手动脚,强行拥抱甚至亲吻刘丽。

　　刘丽不胜其扰,明确告诉李明,她不喜欢这样。但是,李明并未将刘丽的反对当回事儿,他继续打着"爱"的旗号骚扰刘丽。

　　刘丽痛苦不堪,夜不能寐,食不知味,精神恍惚,惧怕上班。和男朋友约会时，她的脑海中老蹦出李明可恶的嘴脸，心情糟糕透顶。

她曾想过将此事反映给单位领导，可是缺乏有力的证据，何况李明的口碑很好，她怕他反咬一口，自取其辱；还有一个最根本的顾虑：她不想得罪李明，害怕和他撕破脸。

她也想过找男朋友撑腰，教训教训李明，又怕男友不信任自己，误会她"水性杨花"，为往后的婚姻埋下祸根。

辞职吗？单位的福利待遇在周围来说都算一流，刘丽舍不得。

怕东怕西，其结果就是：至今，刘丽仍被这个办公室性骚扰噩梦围困，寸步难行。

不能离开，也就意味着刘丽要继续忍受李明的"性"骚扰。刘丽苦恼不堪，人瘦了一大圈，不知道这样的日子什么时候是个头。

### 冷静思索

职场性骚扰这个话题早在20世纪七八十年代的欧美职场就引起重视，遭受性骚扰在国内现代职场也不是个新鲜事儿。

有报道称，超过40%的职场人士遭遇过性骚扰，其中以职场女性为多。

案例中的刘丽因是职场新人，对他人没有过多防备，也因自身资历尚浅而把他人的过分关心视作理所当然。

对于对方的所作所为，刘丽虽有不悦，但并未果断采取明确措施，委婉的暗示甚至可能被对方看作半推半就，从而使其变本加厉。

面对这样的情况，刘丽也没有寻求相应的社会支持系统，没有将自身面临的压力合理地释放出去，这样恶性循环下去，终究会导致其情绪和身体的崩溃。

### 我来支招

职场人士在工作中该如何应对职场性骚扰呢？

首先，让自己变得职业化！

这主要体现在你的穿着、言语、动作及工作水平上。

职场人士的穿着要符合你的身份，端庄、干练的服装体现你的职业、干练、理性之美。而轻薄、暴露的衣饰可能会引起异性的非分之想。

工作时间内与人交往时，说话方式应注意，不可发嗲；谈话内容应为公事，不可过多谈论私事。如果男性挑逗你，你要明确提出你不喜欢，如果你不加阻止甚至也用同样的话迎合他，遭性骚扰是迟早的事情。

和异性共事，不要有过于亲昵的行为，要保持一定的距离，不要让异性有想入非非的空间，如果其行为超越了你能接受的范围，必须马上离开或警告对方。

提高自己的职业素养，提升工作能力，使自己成为一个实力派，努力成为职场不可替代的人物，这样他人就不敢轻易冒犯你。

其次，勇敢地说"不"！

面对对方不合适的行为，**勇敢大胆的表明自己的情绪**。如果委婉的暗示不足以打消他的不良念头，就必须以庄严冷峻的态度表明你不喜欢这样。

如对方还不收敛，在日后的工作中要态度明确的表明自己的立场，不接受工作之外的任何邀请。

尽量在公共、透明的环境中工作，若在单独接触过程中发现不良苗头应马上撤退。

如果坚决的拒绝态度还不能消除其骚扰的行为，就必须拿起法律武器保护自己。

可以先通过公司正常程序来处理对方，如果不行，就应该使用法律武器，其中最重要的就是取证问题。

（1）人证。由于性骚扰的行为隐蔽，很难有人发现，所以被害人很多是吃哑巴亏。因此，当对方实施骚扰行为时，尽可能地制造出动静，引起别人注意，这样才有可能取得人证。

（2）物证。当收到骚扰短信、电子邮件、纸条或收到与性有关的礼物或他人展示的色情刊物时，要留下物品作为证据。把骚扰发生的日期、时间、地点和对方的行为、话语记录下来，这些都可作为日后投诉的证据。

（3）视听材料取证。如果长期被骚扰，应该随身携带录音机和摄像机、照相机进行取证，录音、录像和照片等视听材料都可以作为被性骚扰的证据。

（4）可以通过寻求其他的社会支持系统帮助自己。

（5）向家人和朋友寻求帮助，通过倾诉宣泄自己不良情绪减少自身压力，当得到亲人、朋友，尤其是自己伴侣的理解和支持后能更好地面对被骚扰的问题。"三个臭皮匠，顶个诸葛亮"，众人的智慧肯定能够想出更好的解决方案。

要是还是解决不了，辞职只能是最好的解脱方式。任凭环境再优越、福利待遇再优渥的工作也比不上身心健康愉悦来得更重要吧！

## 延伸阅读

### 惊喜

老板对他的女秘书觊觎已久，并不时伸出咸猪手。秘书一直躲闪，但老板却不依不饶，这使得女秘书非常郁闷。

有一天，正是老板的生日，秘书主动邀请老板晚上去她家，还特别告诉他，她老公出差了，要给你一个惊喜。

老板大喜过望，下班后特地把自己收拾一番直奔女秘书家。

一到她家，老板便猴急猴急地上去就要拥抱。女秘书嗲声嗲气地说："去去去，先去洗个澡，再到我房间来。"老板急急忙忙冲了一下，衣服也没穿，用浴巾把身子一裹就往房间去。

推开房门，只见单位的十几个员工齐声高呼："老板，祝您生日快乐！"

光着身子的老板，顿时晕了——有惊却无喜！

### 职场性骚扰行为10项指标

1. 被反复凝视身体敏感部位或被带有性意味的长时间注视；
2. 他人身体故意靠近；
3. 他人通过电话、手机或信件挑逗或性暗示；
4. 他人以性为内容进行辱骂；
5. 他人以利益作为交换条件提出性要求；
6. 他人做出猥亵动作，包括手势、暴露性器官等；

7. 被人强行抚摸；
8. 被人强行搂抱；
9. 被人强行亲吻；
10. 被人强迫发生性关系。

# 十四、他总是比我强

**真情倾诉**

　　阿超和小龙两人是大学的同班同学，因为都是湖南人的缘故，两人关系十分好。毕业之后，两人都决定留在上海这个国际大都市打拼，虽然不在一个公司，但两个人所从事的都是金融方面的工作，加之住的比较近，所以两人来往还十分频繁。八年前，两人决定一起创业，经过六年的打拼，公司打出了自己的市场，他们也由原来的总经理和副总经理升为董事长和总经理。

　　两人都是商场上的成功者，在外人看来都羡慕不已。但是，小龙却心里不太舒服。原因何在？小龙觉得自己的付出和能力都和阿超差不多，但为何阿超是董事长而自己却是总经理？阿超身价千万自己却只算个百万富翁？长此以往，他越想越觉得心理不平衡，后来发展到晚上失眠，白天工作无精打采，焦虑不安。小龙再也不想干下去了，他不顾别人的劝说，毅然辞职，自己开了一家公司当上了董事长。

　　但当他自己真正当上董事长时，发现董事长确实不是好干的。由于经营不善，不到一年的工夫，公司便倒闭了。小龙自己又陷入了深深的痛苦，自己的钱不但全砸进去了，还欠了许多债。如果没辞职的话，他虽然在阿超的下面，但是至少还是个百万富翁，年底还有不少的分红。

**冷静思索**

其实，小龙陷入了一个思维误区，那就是要和阿超平起平坐。在两个人的职业生涯发展中，阿超总是比小龙领先一头。一开始阿超是总经理而小龙是副总经理，后来阿超是董事长而小龙是总经理，阿超的财富也超过了小龙。由于处处在阿超的下面，小龙心里总是不服气，想要和阿超平起平坐。但是当他真的当上了董事长的时候，发现压力远比自己想象的大，自己的能力不足以去驾驭整个公司，最后公司倒闭，这时候小龙才后悔莫及。

幸福或痛苦是比较出来的，攀比最容易让人心理不平衡，小龙的烦恼就在于此。如果你和别人比奉献，那么你会尽可能地学习、工作，发挥自己的才能，这样你一定会获得成就和自我价值。但是，如果比索取、比得到、比付出和获得之间谁更合算，就容易产生心理不平衡，并会对自己的努力和才干有所保留，当然不能取得最好的效益。

在与人合作的时候，不成熟的人往往喜欢在失败的时候将责任推给他人，成功的时候将功劳揽入自己怀中，这种不平衡的做法当然容易产生心理不平衡。反过来，如果在成功的时候多想想别人的功劳；在失败的时候多考虑一下自己的责任，这种平衡的做法才会促进人与人之间的合作。

**我来支招**

工作中，难免与他人进行比较，关键是跟谁比、比什么、怎么比。在工作中，多与出色的人比，看到自己的不足与缺陷，更好地完善自己；在生活中，学会知足，明白精神上的快乐最幸福。生活清贫还是奢华并不重要，关键是要有一颗平常心。腰缠万贯不见得幸福，平凡的人也能很快乐。

为什么有些人的心里只能容得下自己而容不下别人？是因为这些人心胸狭隘。为什么有些事在别人看来是小事儿到自己就是大事，斤斤计较？还是因为心胸狭隘。所以，相处之道的核心就是胸怀和境界，宽广的胸怀和宽容合作的心态，能够使你的职业生涯走得更顺利。同时，要客观的看待别人的长处和短处，要有积极的态度和思维方式，与合作者取长补短，才能获得工作上的共同进步。

文中的小龙就是败给了自己的心胸狭窄,如果他能看开一点,专心做好自己的本职工作,也许结局就不会这样。要知道这个世上总有比我们强的人,我们要和比尔·盖茨比财富,我们就是穷鬼;和姚明比身高,我们就是侏儒;和爱因斯坦比智慧,我们就是傻子。在这件事情上,马克思和恩格斯两个人之间的合作是值得小龙好好学习的。

## 延伸阅读

### 伟大的友谊

马克思与恩格斯这两位革命巨人之间的亲密合作,是我们所应该效仿的。马克思对恩格斯的才能十分敬佩,说自己总是踏着恩格斯的脚印走,而恩格斯总是认为马克思的才能要超过自己,在他们的共同事业中,马克思是第一提琴手而自己是第二提琴手。《资本论》这部经典著作的写作及出版,就是他们伟大友谊的结晶。

1848年大革命失败后,恩格斯不得不回到曼彻斯特营业所,从事商务活动。这使恩格斯十分懊恼,他曾不止一次地把它称作是"该死的生意经",并且不止一次地下决心:永远摆脱这些事,去干他喜爱的政治活动和科学研究。然而,当恩格斯想到被迫流亡英国伦敦的马克思一家经常以面包和土豆充饥,过着贫困的生活时,他就抛开弃商念头,咬紧牙关,坚持下去,并取得了成功。他这样做,为的是能在物质上帮助马克思,从而使朋友,也使共产主义运动最优秀的思想家得到保存,使《资本论》早日写成并得以出版。

于是,每个月,有时甚至是每个星期,都有一张张一英镑、二英镑、五英镑或十英镑的汇票从曼彻斯特寄往伦敦。1864年,恩格斯成为一家公司的合伙人,开始对马克思大力援助。几年后,他把公司合伙股权卖出以后,每年赠给马克思350英镑。这些钱加起来,大大超过恩格斯的家庭开支。

对马克思来说,也正是为了对刚刚兴起的科学社会主义进行有效的指导,为了揭露资本主义的根本缺陷,才接受了恩格斯这种帮助。

马克思和恩格斯是亲密无间的朋友,他们所有的一切,无论是金钱或是学问,都是不分彼此的。虽然他们分开了 20 年，但他们在思想上的共同生活并没有终止。他们每天要通信，谈论政治和科学问题。在一段时间，马克思把阅读恩格斯的来信看作最愉快的事情。他常常拿着信自言自语，好像正在和恩格斯交谈似的。

"嗯，不对，反正情况不是这样……"

"在这一点上你对了！"

马克思说着说着竟高兴地流出了眼泪。

马克思和恩格斯是那样地相互尊重，在他们看来，任何人对他们的思想和著作的批评都不及他们彼此交换意见那样意义重大。于是，一有机会，恩格斯便摆脱商务，跑回伦敦。恩格斯在伦敦期间，他俩天天见面，不是在这个家里，就是在那个家里。讨论问题时，他们在屋子里，各自沿着一条对角走来走去，一连谈上几个钟头。有时两人一前一后，半晌不吭一声地踱步，直到取得一致的意见为止。于是，两人就放声大笑起来。

1867 年 8 月 16 日，这是一个值得纪念的日子。这天凌晨两点，马克思向他的战友报告说，《资本论》第一卷所有印张（一共 49 个印张）的校对工作，都已结束。他兴奋极了，写信对恩格斯说：

"这一卷能够完成，只是得力于你！没有你为我而作的牺牲，这样三大卷的大部头著作，是我不能完成的，我拥抱你，感激之至！"

《资本论》于 1867 年 9 月 14 日在德国汉堡出版，这是整个国际工人运动中，具有伟大意义的大事，也是两位巨人友谊的结晶。

这样的友谊是如此深厚，甚至一直延续到马克思逝世之后。

马克思在病重期间，曾告诉女儿爱琳娜说，希望恩格斯能为他尚未出版的《资本论》第二卷和第三卷"做出点什么"来。当然，即使马克思没有提出这样的要求，恩格斯也会去做的。

从 1883 年马克思逝世时起，整整十年，恩格斯放下自己的工作，尽力从事《资本论》后两卷手稿的整理、出版，补充了许多材料，重新撰写了一些篇章，使《资本论》得以在 1885 年和 1894 年问世。

## 哪垛干草堆更大

一头驴饿了,走到一个干草堆前准备吃草。

它刚要吃,发现旁边一垛干草堆好像比较大。等它走到那垛干草堆前,发现还是原来的比较大。

就这样,它在两垛干草堆之间走来走去,最后饿死了。其实,两垛干草堆原本就是一样大的。

看来,过分比较会害死人的。

**测一测:你的攀比心理指数**

根据最近两个月的表现,用"是"或"否"回答下列问题:

1. 看到他人有车之后,是否自己也想买,而且想买更好的?
2. 看到他人升职后,是否觉得升职的应该是自己?
3. 看到他人的手机、电脑等电子产品比自己的好,是否想换更好的?
4. 看着他人的孩子好,是否马上要求自己的孩子比他人的孩子好?
5. 看到他人的衣服高档,是否不切实际的想买更高档的服装?
6. 看到他人的婚礼隆重,是否自己想办得更隆重?
7. 看着同事出国进修深造,是否自己也想去?
8. 知道别人去旅游,是否自己也会不假思索的去?

**评分标准**

如果你的回答出现两个以上的"是"的话,说明你已经存在不正确的攀比心理,应当及时调整,逐步走出阴影。

# 十五、升职后的烦恼

**真情倾诉**

小刘从小就很优秀，从幼儿园、小学、中学到大学都是一个让家长和老师放心的孩子，不用怎么说就能做得很好，大家对他一片赞扬，也很少有事能拿来批评他。所以，从小到大，他都走得很顺利。大学毕业后，成绩优秀的他被一家搞农业科技的企业看中，主要负责技术攻关。对于这一份工作，小刘干得得心应手，而且人又特别的勤奋、谦虚，人缘特别好，领导同事都特别喜欢他。因为工作出色，小刘经常受到领导的表扬。他很高兴，很有成就感。

在工作了近10年之后，小刘刚过完35岁生日，就被提拔为办公室主任，这样，他和老总的关系更近了，发展的机会也更多了。于是，家人、同事、朋友纷纷向他来道贺，他自己也特别开心。然而，当他正式开始接受办公室主任工作的时候，才发现一切并不像自己想象的那样简单。本以为和老总更多地接触，会得到更多地表扬和赞许，而事实上，在工作中无论他如何仔细，总会出现一些或大或小的错误。有时候，自己经过很久写出来一份很满意的报告，但给老总看的时候总会被挑错，因此，老是被老总批评，再也找不回从前的那种成就感了。

这让小刘很痛苦，很烦恼，而越是这样，工作中反而出的错越多。于是，他动了回到原来的工作岗位的念头，但是转念一想，只有人往高处走的道理，哪有人主动往低处走的？怀揣着这样一种思维，他进退维谷，左右为难，思想压力特别大，工作简直毫无乐趣可言，更别奢望工作满意度和成就感了。

**冷静思索**

中国的人力资源体系很缺乏科学性，"学而优则仕"的传统观念至今没有改变。技术工作干得好，得到的奖赏往往是提拔到行政岗位上来。其实，技术工作与行政工作完全不同，一个是以"物"为工作对象，一个是以"人"为工作对象。当然，有些人的能力结构与职业倾向可以游刃有余于这两类工作之间，但多数人却不能二者都适应。现代管理学中有个热门话题叫"胜任力模型"，意即任何一个岗位都有特定的知识、能力、技能与人格结构要求。员工晋升或转岗不仅是看你在原岗位上干得如何，更重要的是要看是否符合新岗位胜任力模型的要求。

上文中提到的小刘可能就是一个技术型人才，干技术活得心应手，到行政岗位上就不见得是一把好手了。有一部电视剧《我的兄弟叫顺溜》，其主角顺溜是个神枪手，是个非常棒的战斗员。非让他去当指挥员，岂不是大家都别扭？

再有一点要说的是，小刘在遇到否定、挑剔、批评、斥责等一系列挫折时所表现出来的反应显得不够成熟。挫折是一种不幸，挫折也是一种财富，不管你从事什么工作，在人生的道路上挫折总是不可避免，其实挫折也是一块磨刀石，是成熟人生的一种必要历练。"闻过则喜"的要求可能太高了点，但听从批评却是不断成长的基本条件。

## 我来支招

首先，我们劝告小刘，仔细审视一下自己的胜任力结构，干自己最擅长、最喜欢的事情，这样可以皆大欢喜。不要听信他人的闲言碎语，好像只有当官才最有出息。"条条大道通罗马"，任何一项工作，干得好都有出息，干得不好都没有出息。简单的"人往高处走"的理念是错误，随着社会的进步，分工愈来愈细致，干自己最合适的工作，不仅可能最大限度地释放出自己的潜能，而且也能最大程度的体验到成就感与愉悦感。

如果你认定了非要干行政也未尝不可，那就得调整自己的知识结构与能力结构。对于干行政工作而言，还得增强自己的心理承受力，不要说自己做错了会挨批评，有的时候你没有错而是你的领导错了，可能也会被训斥，你要有思想准备。这个适应的过程也许还不会太短，你要能坚持住。

> 延伸阅读

### 战胜残疾的巴雷尼

巴雷尼小时候因病成了残疾,母亲的心就像刀绞一样,但她还是强忍住自己的悲痛。她想,孩子现在最需要的是鼓励和帮助,而不是妈妈的眼泪。母亲来到巴雷尼的病床前,拉着他的手说:"孩子,妈妈相信你是个有志气的人,希望你能用自己的双腿,在人生的道路上勇敢地走下去!好巴雷尼,你能够答应妈妈吗?"

母亲的话,像铁锤一样撞击着巴雷尼的心扉,他"哇"的一声,扑到母亲怀里大哭起来。从那以后,妈妈只要一有空,就帮巴雷尼练习走路,做体操,常常累得满头大汗。有一次妈妈得了重感冒,她想,做母亲的不仅要言传,还要身教。尽管发着高烧,她还是下床按计划帮助巴雷尼练习走路。黄豆般的汗水从妈妈脸上淌下来,她用干毛巾擦擦,咬紧牙,硬是帮巴雷尼完成了当天的锻炼计划。

体育锻炼弥补了由于残疾给巴雷尼带来的不便。母亲的榜样作用,更是深深地教育了巴雷尼,他终于经受住了命运给他的严酷打击。他刻苦学习,学习成绩一直在班上名列前茅,最后以优异的成绩考进了维也纳大学医学院。大学毕业后,巴雷尼以全部精力,致力于耳科神经学的研究,终于登上了诺贝尔生理学和医学奖的领奖台。

# 十六、完美情结在作祟

> 真情倾诉

小李是一家全球500强企业驻上海的销售经理,他从一名普通的销售干起,经过5年的摸爬滚打,终于做到了经理的位置。小李口才出众,思维灵活,在与客户和领导交流的时候经常得到夸奖。

有一次,在公司集会上,小李代表部门作报告。他表现十分出色,大家都听得聚精会神。然而,会后,老总单独把他叫到办公室,严肃地对他说:"作为一个本科生,怎么能把'饮鸩止渴'读成'饮鸠止喝'!"这让小李哑口无言,恨不得找个洞钻进去。

从此以后,小李发言的时候,只要老总在场,他就紧张异常,说起话来结结巴巴,前言不搭后语。以前这种情况是从来没有的,他的下属都搞不清楚他发生了什么情况。而他本人也是非常不满意,以前发言基本不用草稿,现在就算事前打好了草稿练习多遍还是会出错。到了后来,即使老总不在场,小李也会莫名的紧张,生怕哪里又出错了。而且眼睛总是看着台下的人,生怕从台下人的眼中看到对自己的不满。

### 冷静思索

说话时字音重复或词句中断的现象叫口吃。这是一种习惯性的语言缺陷,通俗的说法是结巴,它牵涉到了遗传基因、神经生理发育、心理压力和语言行为等多种原因,是一种非常复杂的语言失调症。

小李显然不属于这种疾病,因为他本来能言善辩,因为他老总不在场时就没那么严重。他的问题应该是与他敏感型的人格有关,也与他太急切地想在领导面前表现、太想得到领导的好评有关。更深层次也许是他潜意识中的完美情结在作祟。乍看上去,是老总给他下了什么魔咒——因为是在老总批评后变得不会说话了,其实是自己给自己下了个魔咒——因心态不端正而把事实搞得越来越糟。

第83届奥斯卡最佳影片《国王的演讲》相信不少人都观看过,影片讲述了乔治六世由于拥有一个像爱德华王储这样优秀的哥哥,自小害羞、口吃,看起来并没有继承王位的可能。他和妻子伊丽莎白在远离公众的平静生活中逍遥度日,抚养两个女儿。随着老国王身体衰弱,日益增加的公共责任落到了他的身上,他也因此开始了与口吃的艰难抗争,并找到了"民间医生"莱纳尔·罗格,两人在治疗的过程中建立了终生的友谊。爱德华逊位后，他临危受命，成为乔治六世。两年后，'二战'爆发。在罗格医生的帮助下，乔治六世克服了口吃，通过广播发表了一篇鼓舞人心的圣诞节演讲，号召英国人反抗法西斯，成为'二战'中激励英国人斗志的重要因素。

相较于乔治六世的口吃，小李的问题则要简单得多，是完美情结演化为心魔，是心魔让他方寸大乱，然后，一次一次的失败又在不断强化他的心魔。由于这一心魔是由老总诱发出来的，所以老总在场时，说话愈来愈不利索。

## 我来支招

小李首先要做的是在意识层面与无意识层面解决完美情结的问题。他自身本来就拥有不错的演讲能力，只是因为一次小错误被批评就过分自责。其实谁能不犯错？就算再伟大的演讲者，也不可能一次错也没犯过。

完美是一种理想境界。我们可以接近完美，但不可能达到完美。这种判断，在我们头脑中必须牢固确立。

仔细想想，世界上哪件事是完美的呢？没有，过去没有、现在没有、将来也没有。我们凡人没有，那些精英也没有。

美国前总统富兰克林·罗斯福坦然向公众承认，如果他的决策能够达到75%的正确率，那就达到了他预期的最高标准了。罗斯福尚如此，我们又何必对自己一味苛求呢？

不必过分追求完美。要做好一份工作，讲究的是成效，只要你尽了力，而且达到了预期的目的，就无须再一味追求所谓的"完美"。

进而言之，"完美"并不可爱。心理学家做过一个实验：他们向被试大学生描述两个人，他们都有很强的能力，都有崇高的人格。但其中有一个从来不犯错，另一个有时会犯点小错误。要求被试回答：这两个人哪一个更可爱？结果绝大多数被试认为那个有时会犯点小错误的人更可爱。

当完成一项工作以后，我们可以反思，也有必要反思，我们可以总结经验，也需要总结教训，但千万不要因一点小小的缺憾而自责。

试想，当你因过分追求完美而陷入自责的怪圈，你还有心思去改进工作吗？

职场人士中，有许多人具有强烈的成就动机，换句话说，就是"野心勃勃"。他们恨不得一步登天，因而希望自己做的每一件事、甚至每一件事的每一个细节都十分完美，以使自己尽快晋升，以使自己尽快成功。于是，心态不免焦灼，这种焦灼的心态常导致欲速则不达，欲完美却纰漏多多的窘境。

顺便说句题外话，对于一个成熟的人来说，不但不应追求完美，而且在做一件事之前要学会做最坏的打算。我们每做一件事之前，先想一想，最坏的结果是什么？假如这个结果发生，我能不能承受？如果不能承受，我就不去做，如果能承受才去做。这样，即便最坏的结果发生，我们心理上也能承受。

如果小李的观念改变了，他的问题也就解决了一大半。

再录以几条训练演讲能力的方法，与诸位分享。

（1）顺其自然，为所当为。公开演讲时，我们之所以感到紧张、焦虑和恐惧是因为心存顾虑，顾虑自己发挥不好。很多时候，我们越是怕什么越是会发生什么。其实，我们所担心、顾虑的没那么可怕，只是我们人为地把它放大了。即使是最伟大的演讲家也不可能在演讲中什么错也不犯，想到这里，你也许就没那么紧张了。你不在乎你的紧张，紧张就消失了，这是个非常神奇的方法。

（2）培养自信，多进行实践练习。害怕当众演讲的人，多是自信心不足。他们不相信自己能在演讲中发挥出色，总是瞻前顾后，害怕出错。当怀着忐忑的心情上场之后，其注意力几乎完全集中在自己的表情上，而没有关注讲话的内容，结果就是脑子一片空白。在会议中，经常坐在第一排，多练习，长此以往，自然就有长进。

（3）关注听众对演讲内容的需求，而不是自己的面子。演讲是为了传递信息，不是表演。有时候越是提醒自己别出错越是容易出错，要学会关注听众的需求，把内容传递给他们。

（4）增加体育锻炼，培养业余爱好。增加锻炼，能使自己的肌肉的紧张，肌肉紧张时，大脑最放松，当大脑放松时，人的表现自然好。业余爱好能使自己不那么关注自己的缺点，转移情绪。

BEYOND 乐队有首著名的歌曲《战胜心魔》，现将歌词录于下，与君共赏。

问谁做到　创意中闯荡未来

若明道理　冥冥中左右命途

世界弄人　不知不觉每个决定可致命

越过痛楚　战胜心魔觅自我

若有理想　哪怕崎岖实现我自由

若能做到　创意中闯荡未来

但明道理　冥冥中左右命途

世界弄人　不知不觉每个决定可再问

## 延伸阅读

### 丘吉尔两次演讲

1948年，牛津大学举办"成功奥秘"讲座，邀请名家来讲演，其中有英国首相丘吉尔。在讲演前一个月，各种媒体就开始炒作，各界都想听一听丘吉尔的"成功秘诀"。

会场上座无虚席，丘吉尔走上讲台。他用手势平息了热烈的掌声之后说："我认为的成功秘诀有三个：第一是，绝不放弃；第二是，绝不、绝不放弃；第三是，绝不、绝不、绝不放弃！我的演讲结束了！"

说完，丘吉尔就走下了讲台。会场沉寂了片刻后，爆发出经久不息的掌声。

丘吉尔的最后一次演讲，是在剑桥大学一次毕业典礼上。这位举世闻名的政治家、外交家和诺贝尔文学奖获得者，究竟会对即将走向社会参加工作的大学生们提出什么宝贵的忠告呢？全校师生热切地期盼着。

丘吉尔走上讲台，脱下大衣，摘下帽子，注视着所有的听众。他用手势止住掌声，铿锵有力地说了四个字："永不放弃！"

说完，丘吉尔穿上了大衣，戴上了帽子，走下了讲台。这时，鸦雀无声的会场突然爆发出雷鸣般的掌声。

第二天，各大新闻媒体都以显著位置报道了丘吉尔的这次演讲，赞美这次演讲是"他一生最精短的演讲"。

## 十七、自卑——低到尘埃里的心

**真情倾诉**

露西是本科学历,有着一份在外人眼里还不错的工作,但工作一年多的露西却越来越疲惫。

露西性格内向,不大爱说话,和同事打交道时,总觉得自己不如性格活泼的人讨喜,渐渐和别人交往越来越少,越来越有障碍感,自己的压力也越来越大。

露西的内心很敏感,如果别人夸她,她会潜意识地感到生活中其实还有很多比自己更好的,自己还不如别人呢!她总是有意无意地拿别人跟自己比,比来比去都是别人好,渐渐就有了一种自卑。

露西已经意识到这个问题,可是她的思维方式让她很难改变自己的性格,露西觉得自己的思维方式注定了自己会是世界上最差的人。

露西的工作很烦琐,遇到自己很难做决断的事情得经常向上司或者老同事请教,每次请教他们露西总是战战兢兢的,有种莫名的恐惧感和紧张感,压力很大。

露西学习能力挺强,可是把知识运用到工作中的时候,总是力不从心,露西曾尝试着解决过几次工作上的难题,可是总是出现这样那样的问题,弄得露西忐忑不安,后来露西做任何工作都怀疑自己的能力。

露西觉得周围的同事都做得挺好,不管是男同事还是女同事,有些人年龄比露西还小,学历也比露西低,但是好像没有一个人像露西工作得这样身心俱疲。露西真的是那么多人中能力最差的一个吗?

露西总是觉得自己没用,缺乏反驳别人的勇气。有的同事言辞语气让露西很不舒服,可是露西很少跟他争辩或者对抗,总是自己闷着。

现在露西对工作没有目标,生活也没有激情,不管干什么都觉得没意思,真的不知道该怎么办。

### 冷静思索

有专家曾说过这样一句话:"在世界上,至少有百分之九十五的人都有自卑感!"这句话听起来似乎挺吓人,但是如果仔细观察,职场中自卑的人的确不少。如文中的露西,总是觉得自己不如别人。产生这种自卑感的主要原因有三:

1. **自我评价太低**

职场中人可供比较的对象很多,而且工作所处的特殊环境,也使得很多的职场中人喜欢以他人为镜来认识自己。

由于这种比较通常是拿自己的短处与他人的长处比,加上对自我的认识不足,常常觉得自己能力不够,也就容易出现越比越觉得自己不如人,越比越泄气的情况,进而会产生自卑感,低估自己。

心理学家发现,像露西这样性格较内向的人,更容易出现自卑心理。

2. **挫折的影响**

在职场中,挫折不可避免,尤其是刚入职场的新人,如露西尝试过几次自己解决问题却不如意后,便变得消极悲观,更加的自我否定,进而自卑失望。

3. **错误的认知**

露西的认知方式存在着一定问题,她认为人应该和各种性格的人都能处得来,这样的非黑即白的思维方式注定她会体验到不良情绪从而加重自卑感。

### 我来支招

1. **正确认识自我**

将自己的注意力转移,不要老关注自己的弱项和失败,而是将注意力和精力转移到自己最感兴趣、最擅长的事情上去。

发掘自己的优点，看到自身的价值，找到更适合自己的路径。

选择更适合自己的途径发挥自己的长处。

如露西，她的优点是新人学习能力强，那就应该好好利用这一点，汲取更多的知识来更好地充实自己，准备着厚积而薄发。

### 2. 积极的自我暗示

在日常生活、工作中，要尽量避免使用一些消极性的自我描述用语，如"我不行""我没希望""我做不好"等。

应该把这些用语改为"我能行""我可以试试""这次会成功的"等，并且大声地向自己说出来。

### 3. 保持成功感

当怀疑自己的能力并为自卑感所困扰的时候，不妨从过去的成功经历中汲取养分，来滋润自己的信心。

回忆之前你做成功的事情，让成功的事情来证明自己是能行的。

再选择一件自己最有把握也有意义的事情去做，做成之后，再去找一个目标。

这样，每一次成功都将强化你的自信心，弱化你的自卑感，一连串的成功则会使你的自信心趋于巩固。

### 4. 运用克服自卑的训练方法

方法一：行走时抬头、挺胸，步子迈得有弹性。懒惰的姿势和缓慢的步伐，能助长人的消极思想，而改变走路的姿势和速度可以改变心态。平时你从未意识到这一点吧？从现在你就试试看！

方法二：抬起双眼，目视前方，眼神要正视别人。不正视别人，意味着自卑；正视别人则表露出的是诚实和自信。同时，与人讲话时看着别人的眼睛也是一种礼貌的表现。

方法三：当众发言。卡耐基说：当众发言是克服羞怯心理、增强人的自信心、提升热忱的有效突破。这种办法可以说是克服自卑的最有效的办法。想一想，你的自卑心理是否多次发生在这样的情况下？你应当明白：当众讲话，谁都会害怕，只是程度不同而已。所以不要放过每次当众发言的机会。

方法四：众人面前显显眼。有关成功的一切都是显眼的。试着在你乘坐地铁或公共汽车时，在较空的车厢里来回走走，或是当步入会场时有意从前排穿过。并选前排的座位坐下，以此来锻炼自己。

## 延伸阅读

### 昂起头来真美

珍妮是个总爱低着头的小女孩，她一直觉得自己长得不够漂亮。有一天，她到饰物店去买了只绿色蝴蝶结，店主不断赞美她戴上蝴蝶结挺漂亮，珍妮虽不信，但是挺高兴，不由昂起了头，急于让大家看看，出门与人撞了一下都没在意。

珍妮走进教室，迎面碰上了她的老师，"珍妮，你昂起头来真美！"老师爱抚地拍拍她的肩说。

那一天，她得到了许多人的赞美。她想一定是蝴蝶结的功劳，可往镜前一照，头上根本就没有蝴蝶结，一定是出饰物店时与人一碰弄丢了。

自信原本就是一种美丽，而很多人却因为太在意外表而失去很多快乐。

### 自卑也是一种力量

我们常常会被一些表面看起来彬彬有礼的人迷惑。他们举止温和，却并不平易近人；他们在各种聚会中宁愿站在不显眼的地方，对墙上的油画表现出莫大兴趣；他们喜欢独自一人喝茶看书，却拒绝加入各种社交活动中……其实他们只是感到自卑而已。

斯坦福大学的心理学家菲利普·辛巴达博士曾做过一项有关"自卑"的调查，结果在800位受访者中，高达40%的人认为自己"自卑"，82%的人反映自卑感是种不愉快的体验，85%的人很乐意努力去克服自卑。

长此以往，"自卑"一词在人们心中均以一个贬义词的身份出现。而印度诗人泰戈尔曾说过这样一句话:"我们把世界看错了,反说它欺骗了我们。"这话说得确实有趣,事实上,人们往往也同样是由于把事情看错了,即出现了认知偏差,从而产生自卑心理。

人们有时也会犯这样的错误:他人的成功是一种必然,而自己事事不如人,即使获得成功也是一种偶然,只是运气好的缘故罢了。当然,这是一种通过比较产生自卑的表现。

一般来说,人们通过两种渠道来认识自己:反思自我和镜像自我。《论语》中有"吾日三省吾身"之说,即为反思之意。而镜像自我是指通过他人对自己的评价来认识自己,这也是一种比较的知觉形式,心理学上将这种"比较的知觉"亦称为"投射"。

宋代有一位禅师叫作无门,他对门徒这样说法:"青天白日,切忌寻觅,更问如何,抱贼叫屈。"意思是说,我们的心地本来是如青天白日一般澄明,可当我们把眼睛盯住别人时,到头来就一定烦恼苦闷了,这就像是自己明明抱着赃物,却还要到处喊冤叫屈一样。人际关系大师卡耐基在《人性的弱点》中提出"没有别人",这与无门禅师的说法也有等同的意思,二者皆说明一个道理,即不要做无谓的比较。眼睛盯着他人的长处,时刻在意的却是自己的短处,这样盲目的比较注定是没有结果的。而这种比较,也就是投射作用的表现。这种非对应的投射让比较者在构建自我形象时,就会无意识地在认知中低估自己的能力。

其实自卑还有另一种表现形式。

海尔的创始人张瑞敏有个"鸵鸟理论":一个人在评价自己的能力和贡献时,总觉得自己是鸵鸟,别人是鸡。若有一天,他有幸看到真的鸵鸟时,他会说,噢,这只鸡比我大一点!这个理论与社会心理学中的"归因理论"有异曲同工之妙。是说一个人常常把自己的成功归为自己的努力,而常常把自己的失败归咎为运气不好。然而,这并非是一个人在心理上获得成功,产生自信的表现,相反却是对自己自卑心理的一种掩饰。

再如鲁迅笔下的阿Q,他将精神胜利法可谓用到了极致。阿Q一度用这种方法使自己受伤的心理得到补偿,但我们却不可以说阿Q是一个极为勇敢自信的人,是一个面对辱骂、指责还可以做到谈笑风生、闲淡自如的人。阿Q虽然可以用此法来平衡赵老爷、丁举人或者是酒客等人对他的心理伤害，但对于弱者小D或者是小尼姑，阿Q却将自己所受的侮辱如数转交给他们，甚至他从中也获得了成功和喜悦。可见，阿Q的精神胜利法是不能正确看待、接受自己的反映，是对自己自卑的掩饰，事实上也是自卑的最佳表现。

在现实生活中，当我们看到由于自卑而产生的种种坏处时，我们也会努力通过各种技术手段，尝试各种方法来提高自信，追求成功。然而有一点却被我们所忽视：自卑与自信是人性格中的两面，恰如一枚铜板的两面。

对于我们而言，自尊是一种高级需要，自尊的满足会导致自信，会让我们觉得自我有价值、有力量、有地位。如果自尊受到挫折，我们可能就会感到自我的无能与弱小，产生自卑。

心理学家阿德勒在《超越自卑》中写道：当个人面对一个他无法适当应付，并且绝对无法解决的问题时，便会出现自卑情结。于此，作家周国平也有这样的论断：世上有两种人最自信，无所不知者和一无所知者。浩然天宇，我们不可能穷尽所有而达到"无所不知"；生于社会，我们更不可能遮起耳目而"一无所知"。因而，自卑心理的出现是一种必然，而并非偶然。

希腊大教育家苏格拉底曾说："我只知道一件事，那就是我什么也不知道。"这是他的自谦，也可以说是在阐述一个道理：徒有自信而无自卑，就会变得忘乎所以，飘飘其然。适当的自卑如同适当的自信一样，会在我们通往成功的路上多一些成功的筹码。有时候，自卑也是一种力量。

自卑的意义首先在于它能够促使我们对自我作出一种冷静的剖析，促使我们努力。一个人不难走向自信，人的天性中便有一种自尊自恋的因素，我们可以通过各种方式，逐步实现自我超越，从而走向自信。但我们往往也会因为成功而变得自以为是。中国有句古话"良药苦口利于病，忠言逆耳利于行"，但对逆耳忠言要做到秉心气和并非易事，我们真正难以做到的是时刻认识到自己的生命不完整、不完美，从而保持一种心境的谦和。而自卑则是保持这种谦和的良方。

央视名嘴白岩松是我们很熟悉的主持人，台前的他口若悬河，思维敏捷，观点新颖精辟。然而在一次访谈中他却说："因为我自卑，所以我努力。"他说自己儿时因为口吃而特别自卑，甚至不敢与别人交谈。为了摆脱这种困境，他下定决心对着镜子反复练习，直到能很流利地说出一口字正腔圆的普通话。可以说，这点自卑之心让他时刻清醒地认识到自己的不足，并以此作为奋进的动力。这种谦和的心态也是他能全面认识自己的基础。唯有做到谦卑，方能真正悦纳自我，以求成功。

奥地利小说家卡夫卡也是因自卑而奋起的典范。卡夫卡出生于布拉格一个犹太商人家庭，他的父亲性情暴躁，而且非常专制，这使卡夫卡从小就形成了敏感多疑、忧郁孤独的性格。事业最不顺的时候，他甚至说："巴尔扎克的手杖上写着'我粉碎了一切困难'，我的手杖上写着'一切困难粉碎了我'。"但是，卡夫卡并没有放任这种自卑和绝望，相反，他把超越自卑作为自己的目标，终于写出了《变形记》《城堡》这样优秀的小说，成为西方现代派文学的鼻祖。

古人说"三人行，必有我师焉"，也是同样的道理。正因为看到了自己的缺点，认识到了他人的长处，我们才会"不耻下问"，才会奋起直追。同样，卡夫卡看到了自己的缺点，并能正视自己的弱处，以一种积极进取、谦卑的心态来经营生活，反省自我，从而走出了一片"柳暗花明"。可以说，保持一点自卑之心是一种"退一步"的智慧，是一种锐意的进取。

宗教的教育也可以理解为以敬畏为主的教育。这种敬畏让人觉察出自己在未知事物面前的渺小，让人对自我能力产生怀疑，从而有所节制。适当的自卑也能让我们变得有所敬畏，这种敬畏包括惊奇、神秘、震撼、恐惧等诸多情感体验。人生的许多问题都是因为无所顾忌而引起的。适当的自卑感能使我们对未知的事物，对已有的法律权威等产生敬畏，促使人向善，促使人珍惜生命。这也是自我修养的途径之一。

对自然力量的敬畏，对自我生与死的思索，也使我们的生命逐渐丰富起来。《我与地坛》的作者史铁生是将这种自卑和敬畏理解的最深刻的人。对于自己后半生的轮椅生活，起初的他无疑是恼怒而自卑的，但在与自然的对话中，他却领悟到了人生的真理。他整天待在地坛，从朝霞初起到暮鸟归林。或者听秋风卷起的绵长咏叹，或者听天空中划过的嘹亮鸽哨，或者就看树叶四季的轮回，再或者就努力从匆匆而过的路人身上品读岁月的痕迹。他说，死亡是上天的安排，因而"死是一件不必急于求成的事"。平平淡淡的话语道出的却是对生命的敬畏和珍视。诗人阿娜伊丝·尼恩说："真正活着的人是不怕死的。"这也是对史铁生的自卑与敬畏作出的最好的诠释。

当然，人生不能过于自卑，过分的自卑会打倒一个人的毅力和勇气，但也不可盲目自信，盲目的自信容易使人狂妄，从而阻挡了前进的道路。将适当的自卑与自信相结合，用自卑探照自己的性格、知识、才华的黑洞，用自信寻找走出迷途的道路。

# 十八、目标不明确的茫然

**真情倾诉**

"独在异乡为异客，每逢佳节倍思亲。"

在踏上行程的那一刻，我们都知道，在将要去的那个陌生的地方，没有熟悉的风景，没有认识的朋友，甚至，没有一盏熟悉的灯会为你打开。陌生的地方，我能做的，就只有努力的工作、学习。

和大多数人一样，看到别人在大城市里混得如鱼得水，我也忍不住想来闯一闯，想要干出一番事业。如今，来到这里五年多了，最初的梦想已经不知道去了哪里，大学时的计划已经变成了泡影。每天日复一日地应付着工作，早已不知道目标是什么。

我也不再喜欢我所喜欢的文字，每天都在为了生活奔波，时间总是过的匆忙，哪里有空培养兴趣爱好？就好像现在我也不能平静地写点什么，似乎有一种无形的力量在催促着我停下正在打字的手指，把我赶到一个封闭的世界，那里只有家人的期待和朋友的成就，我被压力折磨得动弹不得。可是人生的道路才刚刚开始，我岂能放下我前行的步子，于是只好继续这平淡麻木的生活。

闲下来的时候，我总会思考我还要在这里待几天。渐渐地，我爱上了香烟，爱上了啤酒，爱上了寂静，爱上了星空，爱上了黑夜，但我却爱不上这异乡不属于我的每一寸土地。

在喧嚣的大城市中奔波，疲惫的不只是身体，还有心灵。

当我听见歌里唱道："青春如同奔流的江河，一去不回来不及道别，只剩下麻木的我没有了当年的热血。"迷茫的我望着窗外霓虹闪烁，我的未来，到底在哪里？

### 冷静思索

你是否也曾独自在黑夜里迷茫徘徊过？你是否也忘记了当初的梦想？你是否也在每天忙碌奔波却从未停下来思考过？

人们总是习惯加快步伐、加快生活节奏，却从不停下来想一想忙碌的目的。有人说，梦想就是放在梦里想一想。当然，这只是一种调侃，可是调侃背后，我们是不是也该反思一下，每天顶着巨大的压力辛苦忙碌到底为了什么？

哈佛大学有一个非常著名的关于目标对人生影响的跟踪调查，调查对象是一群智力、学历、环境等条件都差不多的年轻人，调查结果如下：

3%的人有清晰且长期的目标，25年来，他们从未改变过目标，总是朝着同一个方向不懈地努力，25年后他们几乎都成了社会各界的顶尖成功人士，他们中不乏创业者、行业领袖、社会精英。

10%的人有清晰的短期目标，这些人大都生活在社会的中上层。他们的共同特点是：不断完成预定的短期目标，生活状态步步上升，25年后，他们成为了各行各业不可或缺的专业人士，如医生、律师、工程师、高级主管等。

60%的人目标模糊，他们能安稳地生活与工作，但都没有什么特别的成绩。

27%的人，25年来都没有目标，他们几乎都生活在社会的最底层，生活过得很不如意，常常失业，靠社会救济。并且他们常常抱怨他人、抱怨社会、抱怨世界。

在现实生活中，有太多太多的人没有目标。我们常常把别人的期待当成了自己的目标，在孩童时期，这几乎是顺理成章的事情。但是，随着年龄的增长，我们逐渐形成自己的思想体系，无论别人的期望是怎样的美好，它也不属于你。

我们常常把世俗的流转当成自己的目标。这一阵子崇尚钱，你就把挣钱当成了自己的目标。殊不知钱只是手段而非目的，有了钱之后，我们也并不一定就感到幸福和满足，钱并不具备成为终极目标的资格。过一阵子流行美丽，你就把制造美丽、保持美丽当成了目标。殊不知美丽的标准有所不同，美丽是可以变化的，而目标却是相当恒定的。

我们就这样在家人的期望、朋友同学间的攀比中慢慢模糊了目标，无形中给自己增加了巨大的压力，变得身心疲惫。于是，越来越多的人变得盲目、彷徨，总觉得"顺其自然"就能解决一切。孰不知盲目奔波的结果，最终只是碌碌无为。

心理学家们研究发现，最长远、最持久的快乐，来自于你的自我价值的体现。而毫无疑问，自我价值从属于你的目标感。

"有了目标，内心的力量才会找到方向，漫无目标的飘荡终归会迷路，你内心那座无价的金矿，也终因不开采而与平凡的尘土一样。"

因此，拥有清晰的目标是很重要的。目标不仅仅是人生航行的灯塔，更是我们前进的不竭动力。

## 我来支招

你可以先给自己设定目标，在此，我们可以使用"爬山法"。

所谓"爬山法"，就是把自己的目标划分为小目标、中目标和大目标，在每一个已定目标完成后及时奖励自己，以提升自信心，坚定意志力。

我们都是普通人，当给自己定下一个大的目标时，我们没办法整体性提高，所以我们需要设定小目标、中目标来完成。就像爬山一样，谁也不能一步登天，我们需要一步步慢慢地往上爬。我们每前进一步都是完成一个小目标，等爬到山腰了，也就达到了中目标。

完成任何一个小目标，都是你努力的结果，要继续朝着中级目标前进。别忘了奖励自己一下，你可以用物质的形式（比如买个心仪已久的东西），也可以用自我暗示、自我鼓励的方式（比如，每完成一个小目标，就告诉自己，自己是聪明的、能干的、有信心战胜困难的)。人的大脑对这些奖励的反应是很愉悦的,这不仅有助于提高你的自信心,增加学习的乐趣,去除生活的烦闷,而且还有助于培养你的意志力。因为你所得的奖励是通过你的努力换来的,这种延迟满足感对意志力也是一种培养。

拥有了人生理想和目标,只要自己努力,不降低要求,慢慢地就会实现。贸易巨子J.C.宾尼曾说,"一个心中有目标的普通职员,会成为创造历史的伟人;一个心中没有目标的人,只能是个平凡的职员"。那么,从今天起,就给自己定下目标,努力前进吧。

**延伸阅读**

### 认准北斗星

比赛尔是西撒哈拉沙漠中的一颗明珠,每一年有数万名的游客到这里来。可是,在肯莱文未发现它之前,这里还是一个封闭的地方,这儿的人没有一个走出过大漠。据说不是他们不愿意离开这里,而是尝试了很多次都没有走出去。

为什么走不出去呢?肯莱文非常纳闷,最后他只得雇一个比赛尔人,让他带路,看看到底是为什么?他们带了半个月的水,牵了两峰骆驼,肯莱文收起了指南针等现代的设备,只拄了一根拐杖跟在后面。

十多天过去了,他们走了大约八百多里路,第十一天的早晨,他们果然又回到了比赛尔。这一次肯莱文明白了,比赛尔人之所以走不出大漠,是因为他们根本不认识北斗星。

在一望无际的沙漠里,一个人如果凭着感觉走,他会走出大小不一的圆圈。比赛尔方圆上千里没有任何参照物,若不认识北斗星,又没有指南针,想走出沙漠,确实是不可能的。

肯莱文在离开比赛尔之前,带了上次和他合作的青年,他告诉这位汉子,只要你白天休息,夜晚朝着那颗星的方向走,就能走出沙漠。那位青年照着去做,三天之后,果然来到了沙漠的边缘。这位青年成了沙漠的开拓者,他的铜像被树立在小城的中央。铜像的底座上刻着一行字:新生活是从选定方向开始的。

小狗的目标

一对夫妇有两个孩子，孩子还小的时候，父母决定为他们养一只小狗。小狗抱回来以后，他们想请一位朋友帮忙训练这只小狗。在第一次训练前，女驯狗师问："小狗的目标是什么？"夫妻俩面面相觑："……一只小狗的目标？那当然就是当一只狗了。"女驯狗师极为严肃地摇了摇头说："每只小狗都得有一个目标。"

夫妇俩商量之后，为小狗确立了一个目标——白天能和孩子们一道玩，夜里能看家。后来，小狗被成功地训练成了孩子的好朋友和家中财产的守护神。

这对夫妇就是美国的前任副总统阿尔·戈尔和他的妻子迪帕。他们牢牢地记住了这句话——做一只狗要有目标。推而广之，做一个人更要有目标。

# 十九、"高配置"让我力不从心

**真情倾诉**

在这个房价飞涨的时代，有没有房子似乎已经成为评定一个人是否成功的标准之一，但同时，也出现了越来越多的"房奴"，朋友小K就是其中之一。

在父母的帮助下，小K买了一套130平方米的房子。首付20万元，还有近60万元的贷款，贷款15年，每个月还款3000多元，超过了他工资的一半。

最初，他认为这是为了未来投资，还算是信心百倍，每天工作都干劲十足，想象自己在不断向成功迈进，女朋友也十分满意，觉得自己的未来有了保障，两人感情更好了。

然而好景不长，一年之后，小K便觉得生活太吃力，压力太大。他常对我诉苦说："我住的是大房子，生活质量却每况愈下，想去旅游吧，一想到休假会减少收入就赶紧喊停;什么演出活动,根本想都不用想,动辄几百块的票价我会自动换算成房贷;和女朋友去看个电影,都要挑选打折日……"渐渐地,女朋友也开始抱怨,她希望他们能早日买上车,要求小K升级自己的一切配置,希望能过上和大房子配套的生活。这些要求小K根本达不到,无休止的争吵随之而来。

终于,他们还是分手了。小K说:"我常常想,我真的需要这样一所大房子吗?我需要把自己的人生变得这么悲惨吗?这真的是我所追求的生活吗?如果没有这所房子,我的生活又会是怎样呢?"

### 冷静思索

微博上流传着一个段子:"一部高档手机,70%的功能都是没用的;一款高档轿车,70%的速度都是多余的;一栋豪华别墅,70%的房间都是空闲的……"

看完这个故事,你是否也会恍然大悟:哦,是这么回事!

在这个物质膨胀的年代,我们对生活质量的要求越来越高,要有房子、要有豪车,要有高档手机,更要有高配置的电脑,我们的"需求"一发不可收拾,这些"需求"往往也成为压力的来源。

自从买了房子,小K的生活质量逐渐下降,原本宽裕的生活变得拮据,处处都要为房贷让路,女朋友想要的"高配置生活"更是让他压力重重、疲惫不堪。这样的日子,真的能给人带来幸福感吗?

哲学家苏格拉底曾说,当我们为奢侈的生活而疲于奔波的时候,幸福的生活已经离我们越来越远了。有追求固然是好的,但是追求过高就成了奢求,心有余而力不足就会变成一座山,这无形的压力令你喘不过气!环视一下自己,你那高配置的生活里,有多少资源在角落里闲置着、浪费着?

在这个充满选择,欲望不断扩张的世界里,学会辨别与放弃,适当的低调一点,释放一些压力,不是落伍,而是你懂得掌控自己的人生。生活本来很简单,但在我们的过分攀比中,它变得复杂、凶险、沉重了,高配置的阴影里,蜷缩着无数卑微的小灵魂。

当我们不断追求"高配置"时，应该想一想，这些真的是我所需要的吗？不要像小K一样，最后只能抱怨"都是房子惹的祸"。

**我来支招**

想要让生活简单化，就必须摆脱高配置的阴影，让生活"低配化"。

首先，要思考清楚，对于你和家人来说最重要的是什么，并尽一切努力去实现它，在此基础上，根据你的需求去配置自己的生活。配置合理，满足需求，压力也就随之消失，取得一点微不足道的成绩也会令你心情舒畅。

其次，学会知足，才能从平凡中感受幸福。俗话说，知足者常乐。子曰："饭疏食饮水，曲肱而枕之，乐亦在其中矣。不义而富且贵，于我如浮云。"懂得知足，才能对生活有一个正确的认识和评价；懂得知足，才能发现生活的美好与价值；懂得知足，才能释放压力，才能更好地享受生活。

后来，小K把大房子换成了一处50平方米的小公寓，"我的房子变小了，空间反而更大了，我的理想有了更多的储存空间。"他说。

其实，把身段放低一点，要求降低一点，空间缩小一点，同时，对自己宽容一点，每一次小小的成绩，都会带来大大的成就感，心态也随之变好，生活也会更加游刃有余。

Simple is the best，简单本就迷人，让我们的生活低配一些，不逞强、不炫耀，也许才能离幸福更近些。

"高配置"的心态直接导致的就是经济压力。缓解经济压力最快捷的方式是天下掉下一大笔钱（比如中彩票），能够满足你的所有物质需求，这通常是南柯一梦。

其实中国人的温饱问题已基本解决了，只是更高级的物质需求一时没有得到满足。

人的需求可分为合理的与不合理的。

合理的需求再分为现实的与不现实的。

合理而现实的需求又分为近期可实现的、中期可实现的、远期可实现的。

你的所有物质需求做一个清单，根据你现时的收入与职业发展前景，把清单上的物质需求分别列入以上分类中最恰当的位置。不合理的把它剔除掉，太遥远的事现在就别去操心。从近期可实现的需求开始，一项一项去努力、去奋斗吧！

## 延伸阅读

### 够用就好

有一个人在河边钓鱼，他钓了非常多的鱼，但每钓上一条鱼就拿尺量一量。只要比尺大的鱼，他都丢回河里。

旁观人见了不解地问："别人都希望钓到大鱼，你为什么将大鱼都丢回河里呢？"这人不慌不忙地说："因为我家的锅只有尺这么宽，太大的鱼装不下。"

不让无穷的欲念攫取己心，"够用就好"也是不错的生活态度。当人们在吃到饱的自助餐厅，毫无忌惮地暴食时，更应该注意自己的身体健康。

### 何为幸福

英国某小镇。

这儿，有一个青年人，以沿街为小镇的人说唱为生；这儿，有一个华人妇女，远离家人在异国打工。他们总是在同一个小餐馆用餐，于是屡屡相遇。

时间长了，彼此已十分的熟悉。有一日，我们的女同胞，关切地对那个小伙子说："不要沿街卖唱了，去做一个正当的职业吧。我介绍你到中国去教书，在那儿，你完全可以拿到比你现在高得多的薪水。"

小伙子听后，先是一愣，然后反问道："难道我现在从事的不是正当的职业吗？我喜欢这个职业，它给我，也给其他人带来欢乐。有什么不好？我何必要远渡重洋，抛弃亲人，抛弃家园，去做我并不喜欢的工作？"

邻桌的英国人，无论老人孩子，也都为之愕然。他们不明白，仅仅为了多挣几张钞票，抛弃家人、远离幸福，有什么可以值得羡慕的。在他们的眼中，家人团聚、平平安安，才是最大的幸福。幸福与财富的多少、地位的贵贱无关。

于是，小镇上的人，开始可怜我们的女同胞了。

# 二十、假想中的敌人

**真情倾诉**

玛丽是个聪明的女孩，从小就是班里的"优等生"，学习成绩一直名列前茅。由于成绩突出，高考时申请了美国的高校并顺利录取，从此开始了她的留洋生活。取得博士学位后，在美国留学多年的玛丽决定回国，到某重点高校任教。

如今，玛丽回国三四年了，在学术上很有造诣，已经在国外核心期刊上发表过数篇论文。学校对她也十分认可，把她作为学术带头人，不久前刚刚被破格提升为教授。

虽然成绩斐然，事业蒸蒸日上，"感受"到了越来越重的压力。她觉得周围的同事都在暗暗和她较量，争相搞科研，撰写论文，有的人发表的论文数比她还多。不仅如此，玛丽还觉得总有人在背后评论她，说她是靠洋文凭才得到现在的位置，其实水平不过如此，有时候甚至会出现幻听，这让玛丽难以忍受。久而久之，她便有种自己在被这些没有洋学历的同事撵着跑的感觉，而且越来越喘不过气。

从一年前开始，玛丽就发觉自己一到学校就会不时感到心慌、气闷，尤其是作学术报告时，有时讲着讲着就会胸闷，甚至头晕，有几次差点说不出话来，希望尽快逃离讲台。然而，在外出游玩时，这些症状从没出现过。玛丽担心自己心脏出了问题，就去医院做检查，却发现心脏功能完全正常。医生在了解情况后，建议她去心理科看看。

**冷静思索**

相信很多人都曾有过自己树立"假想敌"的经历，这个人可能是朋友、可能是情敌、也可能是同事，甚至是父母。尤其在成功人士中，许多人通过树立假想敌来激励自己，从学生时代、到工作、到成为专家、管理者，每个阶段都有一个假想敌。

所谓"假想敌"，就是根本不存在的敌人，只是内心虚设的一个对手，而且会花费大量的心理能量同这个对手作战，并且不经意间把这种"斗争"的心态带到现实生活中来，影响自己的生活。

我们看到，玛丽在工作中树立了很多假想敌，觉得周围的同事都在和她竞赛，时时刻刻都在等待时机超越自己。但是，这在某种程度上可能是真实的，但更可能是被她放大的假象，是她自己内心世界的投射。人们之所以设立"假想敌"，其实就是缺乏自信的表现。从表面上看，玛丽蔑视同事，其实心底或许是惧怕他们的，惧怕自己这个"海龟"还不如没留过洋的人。正因为这种担心"自己不如别人"的自卑心理始终折磨着她，她才越发苦恼。玛丽真正的敌人不是别人，而是自己莫名的恐惧。这类人一般很难接受自己的阴暗面，也很难接受他人比自己优秀。如果内心长期设立"假想敌"，就会消耗心理和生理能量，最终消灭斗志，阻碍个人发展。长此以往，不仅身体健康会受到影响，工作也会变得更糟糕。

在职场中，我们常会见到这样的一些人：在外人的眼光中，他们或许很优秀，但对自己要求很高，似乎一直都处在寻找对手、充满戒备的心理状态之中。于是，他们总是很自然地把周围环境中可能的每一个"对手"都当成"假想中的敌人"。久而久之，他们觉得，自己好像在被这些"敌人"撵着跑，稍一停顿，就有可能会被超越和取笑。变本加厉的竞争，使他们深深地陷落在假想敌的想象之中，一旦面临失败，就仿佛人人都在嘲笑自己。

其实，身在职场，同事之间无可避免地会存在竞争和利益关系，那些比较孤僻、自恃清高、不善合作的人最有可能把一些相对优秀、和自己水平相当的同事视为竞争对手。说到底，"假想敌"存在的根源就是竞争，以及竞争带来的心理防御机制。很多人可能都遇到过类似的问题，但并不用担心，只要我们正确对待"假想敌"，勇敢面对自己内心的恐惧和猜疑，就一定能够战胜自己。

**我来支招**

假如此刻的你正忙着和"假想敌"较劲,就该调适一下心态了。

想想看,如果你一味地追求精神上的自我满足去和想象中的敌人较量,即使你战胜了他又如何呢?现实中的你们其实还是一样,没有一丝变化。与其自我斗争劳心费神,何不放宽心态接纳自己也接纳别人呢?

每个人都追求上进,渴望被肯定,但很多时候我们都可以自我肯定,而不需要总找别人竞争,以战胜别人来肯定自己,这是绝不可取的。当然,也不要把自己的失败归结在无辜的同事身上,谋事在人,要多反思自己的错误,总结经验才能取得进步,不重蹈覆辙。

"假想敌"的出现,可以是对你工作的一个提醒,若你把他当成朋友,那么你将会发现,比起把他当敌人更有利于自我成长和工作进步,能够更好地提升自我。

**延伸阅读**

处处设防的芦花鸡

发现了一堆丰盛的食物,鸡群扑过去,一个个疯狂啄食,紧张得连头都顾不得抬一下。芦花鸡得到一片菜叶,迅速钻出鸡群,向远处惶惶奔去。虽然并没有谁来追逐抢夺,它还是低头撅腚,摆出一副夸张的防御动作,直至跑到僻静的墙角,才将菜叶吞进肚里。

看到同伴们仍在美餐,芦花鸡又连忙往回跑,刚刚到达,食物已被瓜分净尽,同伴们惬意地四处散去。

看着芦花鸡失落的神情,鸡妈妈心中很不是滋味。芦花鸡是它最疼爱的孩子,每次发现了食物,芦花鸡都最活跃,可就是得到的食物最少,长得也最瘦弱。

鸡妈妈将芦花鸡唤到身边,爱怜地问道:"孩子,每次吃食物时,你总要衔着食物乱跑,这是为什么呢?"

芦花鸡脸色发红,不好意思地回答:"妈妈,不知怎么回事,我害怕别人和我争抢。"

鸡妈妈不忍心责怪芦花鸡,就说道:"通过我的观察,其他同伴都在埋头争取尽可能多的份额,并无意抢夺属于你的那份。倒是你虚构的假想敌,造成了自己的损失呢。"

芦花鸡的脸更红了。

常山孺子曰:许多时候,人们并非败于对手的竞争,而是败在自己的狭隘上。

# 二十一、心灵背上沉重的十字架

## 真情倾诉

S从小便失去双亲,出生时母亲因心脏病去世,5岁那年父亲又出了车祸,一直以来都是由姑妈抚养长大。

对于S来说,从记事起姑父姑妈就是自己最亲的人,每天送她上下学,起早贪黑地给她做饭洗衣服,关心照顾她,就像亲生父母一样。姑妈家有个比S小3岁的弟弟,在S眼里,姑妈总是向着自己,对自己的宠爱甚至超过了弟弟。然而这种宠爱却并没有让她觉得幸福快乐。

自上学起,S就几乎没有周末,学画画,学跳舞,学钢琴……姑妈给她报了各式各样的兴趣爱好培训班,玩的时间少得可怜。为了得到姑妈的肯定和赞扬,她拼命努力,生怕自己做得不好让姑妈失望。压力不知不觉在她的心里慢慢滋生。

S从来都是沿着姑妈的期望、遵循着她安排的轨迹前进,直到考大学时,她们第一次出现分歧。S一直以来的梦寐以求的职业就是教师,所以想报考师范类院校,希望以后能够教书育人,然而姑妈却希望她考清华北大,读她最不喜欢的理工科。经过许久的争执,S还是妥协了,考到一所重点大学的计算机系,姑妈如愿以偿，而S却始终都开心不起来。

时光飞逝，如今S已经在一家电子商务公司工作2年了，上司很看好她，时常鼓励她并且适当地给她安排工作，不但让她积累了更多的工作经验，也提供了更好的学习机会。然而，工作后的S却备感压力，一方面，来自工作，由于不是自己擅长的专业，她总觉得有些自卑，觉得自己什么都做不好，加上上司的看好，她很怕让自己的上司失望；另一方面，更多的压力则来自姑妈的期望，姑妈希望她能在短期内升职加薪，总是督促她努力工作。然而，S早已经力不从心，业绩毕竟是慢慢积累的，况且她也一直在进步。可是姑妈却不这么认为，她总觉得没有达到自己心目中的目标就是S不够努力。

现在一想到姑妈，S就备感压抑和失落，她很想报答姑妈的养育之恩，不愿看见姑妈失望的眼神，但她也希望过自己想要的生活，而不是一辈子都活在别人的期望和压力下。越来越不知所措的她工作一团糟，并且变得心烦易怒，业绩下滑得很厉害，让很器重她的上司很失望。

**冷静思索**

你是否也曾被别人的期望压得透不过气？你是否也曾经抗争要为自己而活？

期望，即他人对你寄予的希望。有期望固然是好的，说明你的潜力和实力能够被发掘，是他人对你的一种信任，也是一种鼓舞。很多时候，正是有了期望我们才得以进步，拥有前进的目标。

但是，现代人普遍存在一个问题，即对他人期望值过高，尤其在父母对孩子身上体现的最为明显。每个父母都望子成龙、望女成凤，都希望自己的孩子比别人过得好，于是便有了各种要求：从上学时的分数、名次，到工作中的行业、职位，甚至成家后的房子、车子，无一不成为他们制定目标的对象，假如孩子达不到他们的要求或期望值，便大感失望，甚至责备埋怨孩子。原本善意的期望在日积月累中，变成一个个沉重的包袱，变成孩子心头上的一座座大山，压得他们喘不过气又反抗不得。

从小到大，S一直都活在姑妈的期望中，为了达到目标她不惜一切代价，即使再累也从不抱怨，怕自己辜负了姑妈的养育，让她失望。不得不说，姑妈的做法确实有些极端，每个人都有自己的优缺点，有各自擅长的事情和不同的喜好，硬逼孩子按照自己的想法去做显然是不对的。父母们常常打着"都是为孩子好"的旗号提出各种要求和目标，但这些要求和目标如果不切实际的话，往往适得其反。

工作中，我们也时常遇见这样的情况：越是得到了老板或上司的重视，压力就越大，患得患失，生怕做错事情让老板失望，丢了饭碗。然而，往往越是这样，就越容易犯错。从上述案例中我们不难发现，期望的前提是一种善意，不论父母还是上司，都是因为"看好"你才对你有所期待，出发点都是好的。那为何这种善意逐渐演变为压力了呢？原因有二：第一，我们过于看重别人的期望，从而忽略了期望背后的善意和努力的过程，只看结果，达不到目标时，便产生失落感甚至自卑情绪；第二，对于他人的期望并没有多加考虑，许多人盲目地就把它当作自己的目标，从不想想这是否符合实际情况，是否适合自己，只是一味地跟着别人的期望走。因此，只有正确对待他人的期望，才能使之成为一种动力和鼓励，使之化为一种"正能量"，来帮助我们更好的进步。

### 我来支招

如何才能不被期望所带来的压力束缚呢？

首先，要明确自己的目标。只有清楚明白自己想要什么，才能不盲目被他人的期望牵着鼻子走。"没有目标而生活，恰如没有罗盘而航行"，只有充分掌握自己的航向，才能快速前进。

其次，应当恰当看待他人期望。我们之所以会被期望束缚，就是因为把它看得太过重要了，从而成为一种负担；其实，盲目追随他人的期望，不仅忽略了对自身理想的追求，更是给自己增加了思想包袱，让自己前进的道路阻碍重重。

最后，我们应当正确面对得与失、成与败。胜败乃兵家常事，即使没有达到期望值也不应懊恼、自怨自艾。每个人都各有所长，有自己的优缺点，失败和挫折也许正是提醒我们反思自己，总结教训的好机会，越挫越勇方能"直挂云帆济沧海"。

延伸阅读

### 为自己活

有这样一对兄弟，哥哥是知名企业的科研骨干，弟弟是摄影师。

兄弟俩生长在同一个家庭里，两个人的个性、口才截然不同。哥哥很会说话，很有领导能力，书也一直读得很好，各方面才艺都很杰出，运动方面也很出色。弟弟跟哥哥念同一所学校，比哥哥低一个年级，压力一直很大，老师们都会说："啊，你是谁的弟弟对吧，你哥哥怎样怎样……"

不只在学校有压力，在家里也一样，闯了一点儿小祸，妈妈会不经意地说："跟你哥哥学学，你哥哥从不让我操心的。"拿了中不溜儿的成绩单回家，爸爸也会摇摇头说："咦？你哥哥没怎么念书，成绩就很好呀，书有那么难念吗？"他不是不努力，可是无论他怎样努力，就是没有办法赢得"你跟你哥哥一样优秀"的口碑。虽然他一直不服气，但是，他心里还是很以哥哥为荣的。哥哥一直光芒万丈，像一座明亮的灯塔，而他只是一支虚弱的烛火罢了。哥哥考上明星高中，大学也念了第一志愿。而他竟然连一所公立高中都考不上。爸爸说："好吧，家里只要有一个人念大学，我就不算辜负老祖宗了。"这样他便选了他唯一感兴趣的高职美工科。

哥哥又念了硕士，进入一家电子公司，成为科技新贵，让父母引以为豪；他高职毕业后发现自己对摄影比较有兴趣，就应聘了几家公司，变成一个摄影师的助理。爸妈对于他，好像形同"放弃"似的，只要他"现在可以养活自己，将来可以养活妻小就好了"。

后来，他当上了某电视公司的摄影记者，每天为了追逐新闻，冲来冲去，很少和哥哥联络。他二十九岁，哥哥三十岁那年，有一天，平常在科学园区忙得没日没夜的哥哥，忽然回到家来，对他说："喂，爸妈要拜托你照顾了，我辞了职，想到法国去学现代艺术。"哥哥说，他已经累积了足够多的钱，前一阵子，他因为过度加班忙到昏倒，被从公司送到医院，差点"过劳死"，这使他悟到，人生有限，他不能一直为别人活着，三十岁了，他觉得自己有了足够的积蓄，留下来的股票够给爸妈养老,他想了很久,想要"为自己活",选择一条他真正想走的路。啊?他听得嘴都歪了。哥哥的梦想是学现代艺术?

"为自己活?"难道,英明的哥哥、不可一世的哥哥,不是一直都在为自己活吗?哥哥那么优秀,一直有许多选择的权利,不是吗?

"不,我一直活在别人的期望下,没有办法做我自己,"哥哥说,"我一直很羡慕你可以念美工科。以前看你在赶美术作业时,我都一边在念教科书,一边在嫉妒你。你真好,可以选择自己的兴趣,你那么自由,那么快乐。"

听了这话,他三分骄傲,七分心酸。骄傲的是,他竟然曾经让自己心目中的英雄暗暗羡慕过;心酸的是他了解,如果不是因为哥哥比他优秀那么多,承担了那么多父母的期望,他哪能够安安稳稳地做自己。

# 二十二、从白领到剩女

**真情倾诉**

小张是典型的大龄白领,当婚介所的工作人员通知她来和一位男士见面时,三十出头的她竟然满脸的羞涩,她说直到现在她还没有真正地相过一次亲。她上学的时候专心学习,从高中到大学到研究生再到工作,一直是忙忙碌碌,事业上是不错,老板器重,但是工作特别忙,加班是家常便饭,这样一忙十多年过去了,等到身边的同学朋友都"拖儿带女"的时候,她才突然意识到自己也该结婚了。坐公交车、挤地铁看见可爱的宝宝总会逗弄一会,可是自己身边的适婚男人屈指可数,更不要谈孩子了。

她开始反思自己这些年到底是成功还是不成功,需要不需要把工作辞掉,换个轻松点的工作,腾出时间谈恋爱结婚,完成人生大事。

**冷静思索**

　　白领、单身、剩女，这几个词连在一起，估计哪个女孩也不乐意对号入座，可不乐意归不乐意，生活就是如此。是什么让白领剩下了？你不能只一味地认为是白领的眼光高、条件多，所以找不到合适的人。

　　白领成为剩女跟一般的剩女不太一样，她们常常本身是非常出色的，漂亮、能干、独立，不仅可以在都市丛林里生存，还能活得非常好。但随之带来的问题就是，她们为这种地位付出了巨大代价，为了能够独立生存，她们将工作放在了第一位，或者说，被迫把工作当成了生活的重心。这样，工作不再是为我们的生活服务，反而成了我们的生活，在这种情况下，有人就认为是工作让我剩下的，但真的是工作让你剩下了吗？

　　工作能够满足我们的物质需求，而恋爱能够满足我们的精神需求。让人头疼的是，无论工作还是恋爱，都需要我们花费大量的时间和精力，也就是说，你仅有一份时间，但必须选择去干什么。每个人都必须做这样的选择，当白领们把全部的时间或者是绝大多数时间用于工作时，问题就出现了。你必须通过加班来获得职位上的晋升，但加班使得"睡觉"成为白领生活中最大的奢侈，只能利用周末和假日补觉，如果总是利用周末和假日睡觉，也就失去了参与各种聚会的机会，使得生活圈越来越狭窄，越狭窄就越找不到合适的人，恶性循环不知不觉就形成了。

　　当然，也不是说放弃工作，一心恋爱，就能摆脱剩女，到时候你完全依附于男人，不但爱情不一定长久，还会造成你与社会的脱节，说不定最后还得剩着。

　　首先必须肯定，白领剩女们的内心也想让自己早点成为美丽的新娘，好让敦厚的肩膀给自己一个稳定的依靠。现阶段30岁左右的白领，大多是家里的独生子女，在婚姻方面，来自父辈的压力特别大，因为父母总是希望小辈们在30岁之前成家，看到第三代。只是现实生活似乎告诉她们：人生只有靠自己，做一个独立的女人才是最幸福的。但时间久了，逼近30岁或年过30岁时，发现这好像不全对，自己的生活缺东西了，并且内心渴望着。心理学家埃里克森的人格发展八阶段论中将18～25岁归为成年早期，在这个时期产生了亲密对孤独的冲突，如果在恋爱中建立真正亲密无间的关系，就会获得需要的亲密感，否则就会产生孤独感。埃里克森认为，每一个阶段都是不可忽视的，任何年龄段的失误，都会给一个人的终身发展造成障碍。这或许说得有点儿夸张，很多人持反对意见，我们姑且不讨论对错，但是不可否认的是，这一阶段爱情的缺失对你的确造成了或多或少的影响。

很多白领说，我的要求不高啊，只想找一个懂我和喜欢我的人就行。请注意，你用的是"懂"，什么人才能懂你？只有那些跟你有一定共同语言，理解你的职业，甚至是走在你前面的人才能懂你。假如他比你站得低，却还是说懂你，你会觉得在敷衍，而男的会觉得和你在一起真真是应了那句"女人心，海底针"。找一个既懂你，还要喜欢你的，那选择的范围就更小了。除去人品和喜欢你，在懂你这个条件上，要求不能太苛刻，只要对方尽他所能理解你，并且尝试懂你，你就可以考虑，因为这只是刚开始，以后时间长了，会达到你的要求的。

说到这里，我们可以看一看，白领究竟是被工作剩下的？还是沉溺在习惯里，不敢做出改变呢？我们是独立而自主的个体，我们生活在现实的生活中，当生活把我们剩下时，去责怪生活是不客观的，因为要看到，在背后操纵生活的，恰恰是我们自己，正是自己在主观上的一些选择左右了我们的人生。

## 我来支招

### 1. 别"按图索骥"

"剩女"之所以成为"剩女"，每个人的原因一定不尽相同，但有一点可能是共同的，那就是先在头脑中形成一个模式，然后再到现实生活中找人。现实中的人只要有一点与模式不符，立刻拒之门外，这就是按图索骥。如此做法，不能说完全不可能如愿，但最多只是小概率事件。

### 2. 耐心陪人吃一顿饭

30岁左右的大龄女性中，最大的交友妨碍是她们已经变成了"试金石"，相亲几箩筐、阅人无数，把她们自己变成了火眼金睛的老油条。一见面，她一瞅就能知道这个人适不适合她,然后立马就在心里对自己说:瞧他那德性,喝咖啡那样子,要我跟他过一辈子,我能跟他过一辈子吗?然后立马走人。或者吃饭的时候,只管吃,看都懒得看对方。

你就认认真真地陪人家吃一顿饭,反正你自己也得吃,不要看人家一眼就想跟人家一辈子的事情,就算你想好了,人家还未必看你第二眼呢。所以你先放下心来,陪人家吃完一餐饭,认认真真地面对当下的每一个机会,试着让陌生人认识你,这样你们才能有彼此进一步了解的可能性。

### 3. 给男人成长的时间与空间

心理学研究表明,男性的思想与人格成熟都晚于女性,而且男人恰恰是在与异性交往中,逐渐成长和成熟起来的。美国多位家庭问题专家曾经联合撰写了一篇报告,阐述婚姻的重要性,其中就提道:"在有同样教育背景和职业经历的条件下,已婚的男人挣钱比单身男人多,因为他们更需要表现责任心。"

### 4. 该出手时就出手

人生并非是一条确定的直线,爱情与婚姻路上总会有种种不可预测的事情变化。寻寻觅觅一辈子,难说哪年出现的人才是真正的白马王子。在心理学上,这是一个认知趋向的问题。无论怎样,人在爱情的取舍上,都要区分什么是最佳的选择与什么是最适时的选择。前者是以最终结果来结算的,要求的是一辈子的最佳选择,后者是以决策时机来结算的,要求的是某一刻的最佳选择。决策学中有一条原则,就是当我们无法断定某个决策是否会带来理想结局时,就宽慰自己:我在此时此地,根据现有的条件,做出了最令自己满意的决策。

所以,等到几时方是休?这永远是一个谜。等,还是不等?则是你对人生最严肃的思考题之一。一般来说,只要你认真思考过了,你就对得起自己。

## 延伸阅读

### 周立波关于剩女的语录

男人的失败在于不愿意花时间去选择。

女人的失败在于花太多的时间去选择。

过去找对象只看人品：这个人只要忠厚老实，没蹲过监狱就可以。

现在条件多了，蹲过监狱不要紧，但没房子不行，有房位置不好不行，没车不行，有车不是好车不行。

现在谈恋爱就像谈生意。

找老公就像找项目。

剩女本身有3个特点：高学历，高收入，高年龄。身高不一定高。

剩女一般会找比她年龄大点的，一般也有三高：高血压，高血脂，高血糖。

你去找个比你有钱的，事业比你成功的，人家怎么会找你。如果你找个没你成功、没有钱的，人家找你干什么。所以就进退两难。

还有某些广告也在影响大家。

女人看到一个条件比自己差一点的男人，就会想到一句广告语：女人要对自己好一点（我前妻也经常这样说）。然后就拒绝人家了。

男人看见一个比自己条件差一点的，耳边也会想起一句话：男人要对自己狠一点。

剩女的最终结局就是相亲。

剩女为什么有那么多拒绝对方的理由：

（1）他居然是国足的球迷，太没品位了，把他给踢了。

（2）他现在还跟父母一起住，太不成熟了。

（3）吃饭的时候他居然跟我AA制，太小气了。

（4）他居然跷兰花指，太娘娘腔了。我可不想跟他结婚后生个儿子有两个妈。

（5）他不爱说话，吃顿饭说四个字：你好，埋单。

（6）他话太多，吃饭的时候隔壁桌的也跑过来听他说，还怎么谈恋爱啊。

（7）这个人太老实，第一次见面，连我的眼睛都不敢看，没出息。

（8）这个人太不老实，第一次见面就一直看我眼睛。

（9）他连红灯都敢闯，这样的人什么事做不出啊，踹了。

（10）他连红灯都不敢闯，这样的男人有什么出息。

剩女同胞们，我实在是服了，你们到底想怎么样？你们让男人情何以堪呢？

最后给剩女们一句箴言：看透自己才能看清别人，没有明天的今天等同于昨天，昨天再美好，它只是昨天。

# 二十三、我不想做一只职场羔羊

**真情倾诉**

大学毕业刚进公司，听从父母的教诲，"不要和同事斤斤计较，遇事自己多干点"，我总是小心谨慎，每逢节假日值班，只要谁开口，我都答应，为此不知浪费多少个节假日，久而久之都变成值班专业户了；平时上班，我总是早早就到了，收拾台面，打扫办公室，只要谁说一句："没吃早餐好饿呀，有没有什么东西填肚子？"我就赶紧拿出自己买的点心，送到他们手上；炎炎夏日，我还经常买些冰镇可乐带给大家喝。我成了大家公认的"大好人"。

但随着工作渐渐增多，我没有再像以前一样，帮他们跑腿，抱怨也就接二连三，有的还当着我的面开涮："摆什么架子嘛？来来来，帮我把这份材料送到各个部门去。""嗨，去仓库帮忙领一包打印纸过来，我们等着用呢！"碍于情面，我还是做了。

可是我也有自己的工作啊，天天被他们使唤，真的快受不了了，难道我就要这么继续被他们"欺负"吗？我俨然就是一只任由摆布的羔羊，真想一冲动就不干了！

**冷静思索**

办公室里存在一些隐形规则，俗称潜规则，这些规则处于管理制度之外，最常见于新老员工的交往模式中。职场新人往往需要承担打扫卫生、跑腿、加班的活儿，而这些让现在的年轻人难以接受，觉得现代社会还存在这样的不公平现象简直是不可理喻。从这个角度考虑的人难免会觉得心里不平衡。

试想，任何事物的运转必然有其需要遵循的规则，职场也不例外，有规矩就需要人来遵守。那么该由谁来遵守呢？当然非你这新人莫属！你来到一个新单位了，很好，这年月能有单位愿意接收新人，无论如何都是件值得庆贺的事。此刻我不想关心你的心情如何起伏，那根本不重要。眼下重要的是，你打算怎样开始自己的职场之旅。我猜想，在你脑海中多半会浮现出若干古训，以及来自师长、前辈、厚黑学等多种渠道的教诲。它们的主题差不多都是：要听话，勤快，夹着尾巴做人啊。

师长、前辈的教诲不是凭空想象出来的，必然有其道理。每个领导、前辈都是由新人过来的，这是职场的必然经历，多年的媳妇终于熬成了婆！

有个故事说，一个外星人刚刚交了个地球人朋友。外面天气十分寒冷，地球人把手放到嘴边，不停地呵气。外星人忙问为什么要这样做，地球人说："天寒手冷，呵点热气，手可以变得暖和些。"进屋后，他们一起吃饭。饭菜很烫，地球人夹起菜放到嘴边吹。外星人又觉得奇怪，就问："菜已经很烫了，为什么你还要呵气？"地球人说："饭菜太烫，我把它吹凉。"外星人就说："你这嘴一会儿出热气，一会儿出冷气，咱们没法成为朋友。"

在你刚刚抵达的职场上，你就是这样一个外星人，因为你不了解陌生的人和事，也适应不了新环境。

职场新人不屑于做琐碎的事情。但是，别小看打水、扫地、擦桌子，许多人习惯从这些小事中品人。新人如果扎扎实实坚持做这些"小事"，势必能很快融入新环境。当有一个新项目或者新机会时，大家就会首先想到与那些善于做小事的新同事合作。有了合作的机会，才有展示才华的平台。

一辈子扫地不好，一辈子一次地没扫过也不好！其实小事都是人生财富，可以帮助你提升生存的能力。

换一个角度，与其抱怨和挑三拣四，不如让我们快快成长，不再做新人！

**我来支招**

我们所处的环境中肯定有许多不公平、不合理、不适应、不近人情之处，这是任何有识之士都承认的事实。

我们到一个单位去工作就是进入了一个新的环境。新的环境，肯定有许多不习惯、不适应之处。职场新人就做新人该做的事，守该守的规矩。有些规矩并不合理，属于潜规则，但它客观存在着，我们就得适应这个环境，你也可以选择走人，但另一单位也一样有潜规则。只要这些潜规则不关乎我们的人格尊严，就要接受它。

接受的过程并不舒服，这也是一种历练。

就拿饮食来说吧，湖南人到了江南，对菜里放糖感到极不理解，再苦再辣也没关系，这么甜，这菜怎么吃啊！江南人到湖南去也会感到不可思议，这么辣！都进不了口，还让不让人吃。

但对我们个体来说，环境又是不可更改的事实前提。我们只能入乡随俗，而不可能让乡俗随我。

如果我们对环境的埋怨能改变环境，那我们大家就一起去埋怨吧，埋怨可是件不费多大力气的事。

可惜的是，埋怨不能改变环境，不能解决问题。

怎么办？只能我们去适应环境。

这是一个适者生存的世界，至少是适者能生存得更好，能占有更多资源的世界。

如果我们的环境很好，我们应该感谢上苍，感谢它赐予我们一个良好的生存环境。

如果我们的环境不好，还要感谢上苍，感谢它赐予我们一个磨砺意志、锻炼心理的机会，如果这样恶劣的环境我们都能坚持下来，今后还有什么样的环境我们不能对付呢？

如果我们所处的环境恶劣，我们得看看我们周边的人，他们在这个环境中生存的如何？如果他们活得挺滋润的话，我们就该反省自己，究竟是环境恶劣，还是我们的生存能力、适应能力不强？

现代人要培养自己的社会适应能力，要在不同的环境中学会不同的生活方式、工作方式，如果总是与周围的一切格格不入，烦恼就会接踵而来。

## 延伸阅读

### 有压力时做职场阿Q

上大学的时候，每每读到鲁迅笔下的阿Q，听到那句名言"儿子打老子，妈妈的！"时，总是让人忍俊不禁。大师的妙笔把这个人物的性格刻画得惟妙惟肖，入木三分，给人以回味与启迪。如今，沿着大师的眼光去观察周围事物，在咱们的工作环境里，写字楼的人群中，也有着各种各样阿Q的影子。不信你瞧瞧这些人，听听他们的口头禅：

年终被扣奖的人说：破财消灾。

被老板穿小鞋的人说：咱们走着瞧，早晚有一天……

被同事欺负后愤愤地说：不是不报，时候未到。

被客户欺骗后说：吃亏是福。

白领丽人被追求者放弃后说：留得青山在，不怕没柴烧。

白马王子求爱遭到拒绝后念叨一句话：天涯何处无芳草。

老公是穷光蛋的女同事说：男人有钱就变坏。

怕老婆的男同事说：有人管着好呀，啥事都不用操心。

丢了工作的人说：我把老板炒了。

这次没被提拔的人说：塞翁失马，焉之非福。

卸了任的老总说：无官一身轻。

碰到电梯坏了说：爬爬楼梯也好，可以活动活动筋骨，延年益寿。

电梯修好了说：坐电梯节约时间体力，工作时精力更旺盛，工作效率更高。

办公室装修后地板上处处是疤，办公室主任说：这样防滑，安全。

（来源：瑞丽女性网）

# 二十四、工作轻松了，心里却失落

**真情倾诉**

老周是某大型国企下属子企业的负责人，马上就要到知天命的年纪了，他在这个位置上将近10年了，最近他发现自己越来越厌倦这份工作了，原因是厌倦了整天响个不停的电话和巨大的工作压力。而导致老周换职位的导火索是春节去泰国旅游的事情，老周好不容易抽出了一周的假期想好好地陪家人，但是从公司来的电话从第二天开始就响个不停，他真有点想把手机砸了的冲动。到了第五天，他实在架不住公司人的催促，提前回了公司，整个假期的计划也泡汤了。

没过几天，老周就找到了自己的领导，向他哭诉自己的工作辛苦，压力太大受不了，想要换个轻松点的职位。领导也感受到了他的压力，于是没过多久把他明升暗降，调到总公司任工会主席。老周十分感激领导，他总算可以轻松轻松了。但没过多久，一个更严重的问题就出现了，他原来主管公司的主要领导人员到总公司开会，他也受邀出席。结果，他被安排在一个很不起眼的位置，与原来的待遇不可同日而语。看到这种情况，他顿时有一股强烈的失落感涌上心头，心里五味杂陈。从此，他时常会陷入莫名的焦躁和烦恼之中，总是觉得自己在同事面前很没面子，甚至觉得别人在私下偷偷议论自己。工作上也是拖拖拉拉，意志消沉，以前从来不迟到的他现在经常迟到，还经常抽烟酗酒。

**冷静思索**

"人有悲欢离合，月有阴晴圆缺，此事古难全。"老周在原先的岗位上，最痛苦的是工作繁重，没有休息时间，但是享受到的是尊重和权力。现在工作轻松了，有很多闲暇的时间来陪伴家人，享受生活了，但是却失去了原有的尊重和权力。

老周真正的问题不是得到了什么，失去了什么，而是他心理上不能接受一个基本事实：当一个人得到什么的时候，必会失去一些东西；或者说，当他遭遇其种痛苦的时候没有看到自己所享受到的一切。

这个问题不是老周一个人有。人性的一个共同的弱点就是企盼得到自己没有得到的东西，而对自己现在所拥有的一切却不那么珍惜，只有在失去自己现在所拥有的东西时，才备感它的珍贵与不可替代。

有篇荒诞派小说叫《自杀俱乐部》，小说中的这个俱乐部是专为准备自杀的人服务的，它让你在自杀前享受所有的人间快乐。有两个想自杀的青年男女在这里相遇，在享乐人间快乐的过程中他们又相爱了。不知不觉之中，他俩都认识到自己自杀的想法很愚蠢并准备放弃自杀的念头而继续活下去。可惜的是，毒气已经放了出来，想不死也不行了。在死亡面前，人生的一切真谛都突现在脑海中，但残酷的现实是：虽然已经大彻大悟，但一切已为时过晚。

虽是荒诞小说，但读来还是令人伤感。

为什么人们对已有的不珍惜，对没得到的东西却心驰神往？

原因有三：

其一，人类的需要具有永不满足的特征。旧的需要一旦满足，新的需要立刻就产生。这是优点——它催人奋进，并推动社会不断向前发展；这也是缺点——它使得人们的心态常处于失衡状态。

其二，人们通常倾向于看到已拥有东西的缺点，未得到东西的优点。把得到的看成是寻常的、理所当然的；把得不到的看成是珍贵的、美好的。

其三，来自于人类生来具有的征服欲。人们太想"拥有"了，尽管他（或她）并不能消耗许多。"拥有"带来的快感不是满足实际需要，而是为了满足自己的征服感。

凡此种种，导致人们总认为碗里的饭菜味同嚼蜡，锅里的东西味道鲜美。古人早就说过："妻不如妾，妾不如妓，妓不如偷，偷不如偷不到。"

随着人们的成熟，随着人们已得到东西的丧失，才会逐渐意识到曾经得到过的东西是多么的宝贵。武则天在年迈时对身边的一个宫女说：我愿意拿自己的全部权力与财富换取你的年轻。估计那个宫女肯定不是这么想的。

　　珍惜我们现在所拥有的，感谢上苍现在所给予我们的一切，细细品味其中的滋味，你的幸福感便会油然而生，你的心态就会平衡。

　　一个可能的晋升机会没有得到，这绝不是什么世界末日。我们不是有一个很温馨的家庭吗？我们不是有一个很可爱的孩子吗？职务没有上去，但责任也没有上去，也不要老是出差、开会，生活不是很惬意吗？珍惜这一切，充分享受这一切，我们同样是生活的成功者。

### 我来支招

　　老周得建立起一个观念："得"与"失"永远是一对孪生兄弟，他们如影形形，从不分离。这是人类社会从来不变的自然法则，谁也不能改变。

　　老周还要认识到：人老了，退出社会是必然的事。像现在这样逐步退出应该是一个很好的方式。

　　人生不可能没有烦恼，但不能自寻烦恼，老周就是个典型的自寻烦恼的例子。若想要真正的消除烦恼，解决自己内心的痛苦，就要看到所得，忘掉所失，心中的不平衡感、失落感自然会减轻，由其引起的失眠、抑郁等症状也会减轻。

　　要想自己心态好，要想自己活得幸福，谨记一条：现在拥有什么就享受什么，知足者常乐。

### 延伸阅读

#### 欲取先予

　　有一个人在沙漠行走了两天，途中遇到了暴风沙。一阵狂沙吹过之后，他已不能辨别正确的方向，只能跟着感觉走。正当筋疲力尽，快撑不住时，突然，他发现了一幢废弃的小屋。他拖着疲惫的身子走进了屋内。这是一间不通风的小屋子，里面堆了一些枯朽的木材。他几近绝望地走到屋角，却意外地发现了一台抽水机。

他兴奋地上前汲水，可任凭他怎么抽水，也抽不出半滴来。他颓然坐地，却看见抽水机旁，有一个用软木塞堵住瓶口的小瓶子，瓶上贴了一张泛黄的纸条，纸条上写着：你必须用水灌入抽水机才能引水！不要忘了，在你离开前，请再将水装满！他拔开瓶塞，发现瓶子里果然装满了水！

他的内心，此时开始激烈地斗争——如果自私点，只要将瓶子里的水喝掉，他就不会渴死，就能活着走出这片沙漠！

如果照纸条做，把瓶子里的水，倒入抽水机内，万一水一去不回，他就会渴死在这里了——到底要不要冒险？

最后，他决定把瓶子里的水，全部灌入看起来破旧不堪的抽水机里，当他又一次抽水时，水真的大量涌了出来！

他喝足水后，把瓶子装满水，用软木塞封好，然后在原来那张纸条后面，再加上他自己的话："相信我，真的有用。"在得到之前，要先学会付出。

# 二十五、处处小心的她

**真情倾诉**

晓雨是外贸公司的公关部助理。也许是由于工作性质的原因，经常要和公司上上下下的人打交道。晓雨本身是一个谨小慎微的人，她深知在大公司做事人际关系的重要和人言可畏，所以她处处留心，生怕得罪了同事或上司，生出什么枝节。对每个人她都是有求必应，笑脸相迎，从来没有对周围的人说过"No"，她本以为自己的为人处事可算得上是天衣无缝了，可不知为什么，渐渐地她却成了办公室里最受冷落的一个人。她感到疑惑和委屈，因为她自感没有做错任何事，相反，由于自己对别人有求必应，使自己无形当中做了许多额外的工作，占用了大量的时间。一位从前和挺要好的同事告诉她缘由，才让她恍然大悟。

原来正是由于她的过度随和，使人觉得她虚伪，不可相信。

小王刚刚进入物流公司，本身就很忙。有次，老板拿个资料给她，让她修改，问她"有没有时间，行不行？"小王为了给老板留下好印象，咬咬牙，答应了下来。到下班的时候，小王刚刚把自己的事忙完，还没修改资料，老板过来了，很不高兴，由此对她的工作能力也产生了怀疑。

---

**冷静思索**

做人难，难就难在处理那复杂而微妙的人际关系上。又有古语说："人言可畏"，这句话更是适用于当今之世。在这个信息技术高度发达的社会，网络的力量令人胆寒。陈凯歌导演的新作《搜索》讲的就是在七天的时间里，因为一件公车上发生的小概率事件，即一位年轻人不给老人让座的事，被电视媒体和网络推波助澜，十几个人被卷入其中，他们的生活被迫脱离既有的轨道，甚至命运都被彻底改写。

因此，就有人特别注重别人的看法，小心翼翼地做人，力求自己做到让所有人都满意，对于别人的要求，几乎有求必应。

这么做对吗？这么做能实现自己的预期效果吗？

这种为人处事的态度非但不聪明，其后果还往往会使自己处于一个尴尬的境地。小王得到的是老板的不赏识，而晓雨得到的是同事们的不理解。

我们不可能让每个人都满意，所以不要为所有人而活，单单忽视了自己。就像上文中描述的，大家不仅不感谢你，反而觉得你虚伪，使自己处于孤立无援的境地。

**我来支招**

我们很难或者说根本不可能让所有的人满意。如果你真能让所有的人都满意了，那一定还会有一个人不满意，这个人就是你自己。这种事我们做不到，也伤不起。人际交往中少不了"拒绝"。

"拒绝"是少不了的，但"拒绝"也要讲究艺术。

其一，态度要坚决。不能因为对方再次说服而改变想法，因为这样会让对方认为有回转的余地，对己对人都不负责任，甚至耽误对方办事，为双方之间埋下不愉快的种子。

其二，说明理由。充分说明自己拒绝的理由，这个理由要有理有据，而不是搪塞。

其三，语气要和蔼。感谢对方在需要帮助时可以想到你，并且略表歉意。

其四，如有可能，答应部分帮忙。如，我不能帮你办成这件事，但可以帮你打听这方面的信息。

## 延伸阅读

### 收起那把破伞

曾有人问美国华尔街四十号国际公司前总裁马修·布拉，你是否对别人的批评很敏感？

他回答说："是的，我早年对这种事情非常敏感。我当时急于要使公司里的每一个人，都认为我非常完美。要是他们不这样想的话，就会使我忧虑。

只要一个人对我有一些怨言，我就会想法子去取悦他。可是我所做的讨好他的事，总会让另外一个人生气。然后等我想要补足这个人的时候，又会惹恼其他的人。

后来我发现，我越想去讨好别人，就越会使我的敌人增加。所以，最后我对我自己说：只要你超群出众，你就一定会受到批评，所以还是趁早习惯的好。这一点对我大有帮助。

从此以后，我就决定只尽自己的最大努力去做，而把我那把破伞收起来，让批评我的雨水从我身上流下去，而不是滴在我的脖子里。"

的确，在这个世界上做事，要想人人都满意实在是难。即使人人都满意了，那肯定有一个人不满意，那就是你自己。况且，即使自己忍辱负重，也不可能做到人人满意，倒不如我行我素，这样至少有一个人满意，那就是你自己。

# 二十六、我的角色是什么

**真情倾诉**

某单位的一个科室来了一位新员工,第一天到科长办公室报到,科长热情地请他坐在沙发上,然后又给他倒了一杯水,接下来又说了一番欢迎及鼓励的话。这位新员工心里暖洋洋的,感到遇上一个好领导,平易近人、和蔼可亲。从第二天起,这位新员工开始正常上班了,科长还是每天给他倒一杯水。一个星期下来后,这位新员工心里犯嘀咕了,他感到这科长很阴险,一定是他认为我该给领导倒水,我没这么做,所以使出这么一个损招。

哇!给人倒杯水,居然也惹出祸来!

**冷静思索**

社会为每个角色规定了相应的行为规范。这些规范虽然没有写在纸上、贴在墙上,但谁要是违反了这些规范,必将受到惩罚。每个人有一个基本的角色,通常是以职业为标志,如:教师、工人、公务员等。但基本的角色不是固定的角色,人们除了扮演好基本角色之外,还需不断地变换角色,某种程度上来说类似于变色龙。变色龙可不是个好听的字眼,被称为变色龙的人,通常是狡猾者。然而,这种理解并不全面、公允,在社会生活中,我们需要不断地变化,唯此才能营构良好的生存空间。只有这样才不会违反角色规范,才能获得社会的认可。比如,你是位教师,但仅限于在课堂上,在学校中你是教师。出了学校门,你就是行人;走进商店,你就是消费者;到了家中,见到老子你是儿子,见到儿子你是老子。想象一下,如果你以同一种角色行为规范去面对所有的人,会导致什么样的结果呢?在你作为消费者的时候,却以教师的身份对待营业员,这合适吗？以对待儿子的态度对待老子，这自然会受到社会舆论的谴责；但以对待老子的态度对待儿子会受到赞扬吗？

雅典奥运会结束后，CCTV办了奥运冠军与文艺界明星联袂出场的晚会。那些明星们10个中有8个没有把握好自己的角色。他们没有意识到，昨天与明天，你可能是台上的主角，而今天，你是陪衬人。你唱得是好，演得是好，但全听你唱，全看你演，要那些奥运冠军干吗？你知道今天的主题是什么吗？结果是，他们表演得越是卖力，观众就越是觉得恶心与反感。

如果你是婚礼上的伴娘，你就不能打扮得花枝招展，夺人眼球，因为你今天是配角，没有你不行，但你太引人注目了就不好。

这位科长可能并无恶意，但他的做法与其身份角色不符，最终招来的结果是：吃力不讨好！

是的，从来没有一个规定说，吃力一定讨好！做了你不该做的事，说了你不该说的话，你就会吃力不讨好！

所以，在角色不断转换的各种情境下，人们只有在进入新角色的那一刻就按新角色的行为规范行事，才是唯一正确的选择。

社会是一个大舞台，每个人都在其中扮演一定的角色。角色扮演的成功与否，直接关系到一个人的生活质量、社会关系状态以及自我的内心感受。从诸多实例中，我们发现，许多职场人士的压力、尤其是工作压力在很大程度上来自于工作中没能正确扮演好自己的角色，即角色混乱。

我们在一个特定的时间、特定的场合，面临特定的工作对象与工作任务时，一定要把握自己的角色。自己该做的不去做，不对；不该做的去做了，也不对。该说的不去说，不对；不该说的说了，也不对。甚至于你的服饰打扮、举止动作，都要符合你的身份、角色。有些人常哀叹自己"吃力不讨好"，在他们自己身上找原因的话，多为没有把握好自己的角色。

### 我来支招

生活中角色扮演也是一门艺术，是否把握得好，的确影响到你的生活质量，职场更是如此。

与上司相处时，你得牢记：你的角色是人家的职员。放聪明些，学会摆正自己的角色位置，在自己的职位角度上有节制地出力和做人，切忌轻易"越位"。在工作中，"越位"对上下级关系有很大影响。下属的热情过高，表现过于积极，会导致领导偏离"帅位"，大权旁落，无法实施领导的职责。因此，领导，尤其是"武大郎"式的领导，往往会把这视为对自己权力的侵犯。如果你是下属，又时不时犯这样的毛病，领导就会视你为"危险角色"，对你保持一定的警戒，甚至设法来"制裁"你。这时，即使你有意同领导配合，也为时已晚，人家已不愿与你配合了。

同样的道理，与下属相处，你也得注意自己的身份、角色，否则也会无事生非。

在不同的时间、地点、条件下，把自己的角色把握得恰到好处，你就会感到做起事来很顺，与周边的人际关系也很协调，你就会有一个好的心情。

## 延伸阅读

### 英国女王的故事

英国女王维多利亚与丈夫阿尔伯特相亲相爱，感情和睦。妻子是一国之君，忙于公务，而丈夫却不太关心政治，对社交缺乏兴趣。有一天深夜，女王办完公事，回到卧室，见房门紧闭，便敲起门来。

问："谁？"

答："我是女王。"门未开，再敲。

问："谁？"

答："维多利亚。"门未开，再敲。

问："谁？"

答："你的妻子。"门开了，维多利亚走了进去。

### 变色龙

在一片森林里住着三只蜥蜴，其中一只觉得自己的身体和周围的环境大不相同，没有安全感，便对另外两只蜥蜴说："我们住在这里实在太不安全了，得想办法改变改变环境才可以。"说完,这只蜥蜴便开始大干起来。森林之大,哪能这样容易改变,不久,这只蜥蜴被活活累死。

另一只蜥蜴看了说:"我的天呐,居然被累死了,看来想要改造这个地方非我辈能力所及,唉,不如另寻一个既安全又足食的地方去生活。这样,不是很简单吗?何必累死!"说完,它便摇着头爬出了这片森林。只是它还没有找到梦中的乐土,就饿死在路途中了。

第三只蜥蜴,也看了看四周,说道:"为什么一定要改变环境来适应我们,为什么不改变自己来适应环境呢?"说完,它便借着阳光和阴影,慢慢地改变自己的肤色。不一会儿,它就渐渐地在树干上隐没了。这只蜥蜴就成了变色龙,从此在森林里安居繁衍。

# 二十七、擦肩而过的机会

**真情倾诉**

Lisa在X杂志社做了5年的记者。她是A大学新闻学硕士毕业,文字功底了得,采编技术也十分娴熟,但凡重要的采访,领导通常都派她去搞定,而她也总是不负众望地做出漂亮的文章。

但在学校时,Lisa就不是个多话的人,除非是在讨论课或者论文答辩时,她才会言简意赅的把她的想法表达出来,多余的话几乎不说。即使参加工作多年,这样的性格照样显露在平时的细节之中。除了跟社长和主编有一些交流外,她在办公室里几乎就是个边缘人。同事们都说她博学多才,心里多少对她有几分敬重,偶尔想和她交流一下工作心得,或者讨论问题,她的反应都很冷淡、很平静,话极少,只顾自己一个人安静地在电脑前写稿。除了噼噼啪啪的键盘声,似乎不允许再有别的打搅。久而久之,与同事间就疏离了。

两个月前，编辑总监因个人原因辞职离开了杂志社，眼看着总监的座位空了出来，谁有这个资格坐上去呢？Lisa是最大的候选人，论资历和能力，谁能比得过她呢？连续几天，Lisa心里都有抑制不住的激动，这是她多年的梦想，眼看就要熬到这一天了。

正当她满怀希望时，领导突然外聘了一个人填了主编的位置，而且很快便走马上任了。全社一片哗然，更不用说Lisa自己了。她心都碎了，虽然表面若无其事，但已经难受到无法正常工作。

"真的不能接受！拼死拼活干了5年，还是个普通记者，这不算，还空降了个总监过来，啥都不了解，就乱指挥，多年的付出都白费了！老天为什么这么不公平？"Lisa痛苦地抱怨。

## 冷静思索

我们很容易犯的一个错误就是想当然，认为事情就应该按照自己设想的路线发展，人们喜欢编剧甚至导演自己的生活，一旦事情偏离了自己的构想轨道，便会大呼"事情为什么是这样的？""老天怎么这么不公平"云云。其实，很多事并不会按你的想法发展，往往只是你的一厢情愿，还是得学会接受。

此外，人们往往对机遇有着过高的期望，妄想靠一次的偶然改变自己的命运。确实，机遇造就了很多伟人、英雄，但有句话说得好，"机遇总喜欢光顾有准备的头脑"。是的，有准备才会有收获！机遇不会自动地进入你的囊中，是需要你伸出手去撷取的。

很多人的问题就在于不了解自己。由于个体存在认知偏差，人们常常觉得自己是最努力的人，可获得的喝彩却最少。然而，如果你的自我评价与他人对你的评价之间有很大的差距，那么你就很难获得成功。简言之，你必须了解自己的优缺点，清楚自己的特点是什么。Lisa与升职机遇擦肩而过的一大重要原因就是，她没有清醒地认识到领导人需要的品质，除了扎实的工作技能以外，与下属的人际沟通能力似乎更为重要，而这正是她所欠缺的。

如果你总是把自己当作天才，那么你在人生的路途上就总是不断地遭遇坎坷沟堑，因为你会以自己的"天才智慧"面对一切来临于身边的机遇，却不知道机遇不会自动地进入你的囊中，是需要你伸出手去撷取的。而且，你的撷取也并非随意便可得到，需要你在撷取之前做好充分的准备，否则，你还是抓不住它。

**我来支招**

遇到此种情形，"难以接受""接受不了"是人们的第一感受。但是接受也罢，不接受也罢，如今这一切都是现实，都是事实。

怎么办？

与其骂天，不如去积极迎接新的局面。因为骂天不能解决问题，该来的还是来了，只能让自己空悲切！

其实，任何情况对任何人来说，有积极面，也就有消极面，我们要做的，我们能做的，是寻求变化中对自己积极、有利的方面，并使之最大化，避开消极面，至少让它的负面影响最小化。这样，新的状况、不按自己构想发生的事件也许对于我们来说就是一件好事、幸事。

不得不承认，稳定的、可预期的世界可以给人带来安全感。但变化是这个世界运行的常态，它不以人的意志为转移。在这种情况下，既然变化无可避免，与其消极抵抗，不如积极迎接改变，从变化中分得一杯羹。

接受了这样的事实以后，就要分析事实。任何事情都有原因，空闲的时候试着和同事、上司聊一聊，不仅可以调整紧张的人际关系，还能从他人的角度重新审视自己，从而改正自己的不足。

**延伸阅读**

### 野兔的弱点

野兔是一种十分狡猾的动物，缺乏经验的猎手很难捕获到它们。但是一到下雪天，野兔的末日就到了。因为野兔从来不敢走没有自己脚印的路，当它从窝中出来觅食时，它总是小心翼翼的，一有风吹草动就会逃之夭夭。但走过一段路后，如果去时这段路是安全的，那它就会按照原路返回。猎人就是根据野兔的这一特性，只要找到野兔在雪地上留下的脚印，然后做一个机关，第二天早上就可以去收获猎物了。

野兔的致命缺点就是太相信自己走过的路了。

## 上帝的苹果

约翰死后去见上帝，上帝查看了一下他的履历，很不高兴地说："你在人间活了60年，怎么一点成绩也没有取得？"

约翰辩解说："主啊，这也不能全怪到我的头上，是您没有给我机会呀。如果您让那个神奇的苹果砸到我的头上，那发现万有引力定律的就是我啦。"

上帝想了想，说："好吧，我们不妨就试验一次。"

上帝大手一挥，时光倒流回了30年前的那个苹果园。上帝摇动果树，一个红苹果落了下来，正好砸在约翰的头上。约翰捡起苹果，用衣襟擦了擦，几口就把苹果给吃完了。

上帝又让一个更大的红苹果砸到约翰的头上，约翰又把那个苹果给吃了。

上帝叹了口气："可怜的人！"他决心再给约翰一次机会。上帝第三次摇动苹果树，一个大大的苹果准确无误地落在约翰的头上。约翰勃然大怒，捡起苹果狠狠地扔出去："该死的苹果，搅了我的好梦。"

苹果飞了出去，正好落在正在睡觉的牛顿头上。牛顿醒了，捡起苹果，豁然开朗，就发现了万有引力定律。

时光重新回到现在，上帝说："你现在该心服口服了吧？"约翰哀求道："主啊，请您再给我一次机会吧！"上帝摇摇头："不用了，苹果砸在每个人头上的机会都是相同的，只是每个人把握机会的能力不同罢了。"

# 二十八、风暴之夜谁能安眠

**真情倾诉**

南茜是某公司总经理助理。在召开跨国公司技术交流大会前，由于时间紧迫，南茜来不及核实与会者人数，就按照自己的估计先把人数确定下来。结果，在会议签到的时候，发现与会者人数大大超过了原先的估算，不得不更换会议室。

由于是临时更换会议室，找了好几个大的会议室都发现正被使用中，最后，花了好长时间才联系到一个合适的，这影响了会议的准时召开。

在会议召开期间，需要用到一些重要资料，南茜又是临时匆匆去拿，这使会议进程又耽误了约20分钟。最后，会议结束时间严重超过了预计时间，与会者表现出不满情绪。

事后，总经理狠狠批评了南茜，但南茜自己却觉得很委屈，她觉得之所以出现这么多纰漏完全是时间不够所导致的啊，如果有充裕的时间，这个会议完全不会是这个样子的。

**冷静思索**

南茜的失误可能确实有时间太紧张的原因，但绝对不是主要原因。

由于时间的紧迫，南茜自己大概估计了与会者的人数，但她只备了一个会议室，没有料想到她估计的人数有可能会多或者少。

身为总经理助理，她应该对会议室的管理了如指掌，如果之前做好功课，就不至于在临时的换场中耽误那么多时间。

最致命的是，会议已经开始，她竟然遗忘了重要资料，匆忙去取也花了近20分钟，是来回的路程太远？还是不知道资料放在什么地方了？

不管理由是什么，结果是耽误了别人宝贵的时间。

南茜最后还很委屈，其实，如果没有认真细致的准备，不管给你多少时间，终究还会觉得是时间给得不够。

**我来支招**

"凡事预则立，不预则废"，这是个千古以来妇孺皆知的道理，千万事实也证明了它的正确。

没有充分的会前准备就没有必要召开会议。对一个人而言，无论做什么事，如果事前没有做好充分的准备，那么等待他的也必然是失败。

南茜在估计与会者人数的时候如果能灵活机动的准备几个大小不同的会议室，就不至于在换会议室时花费那么久的时间。

明知道是一个重要的会议，事前更应该做好准备工作。该带的资料都带到会场；一些重要的、可能用到的资料也要随身备着，以防不时之需；再将一些不太重要但可能会用到的相关资料放在你所了解的地方，如果会议中需要时，就可直接派人送过来，而不必将时间花费在无谓的往返及寻找中。

**延伸阅读**

风暴之夜你能否安眠

刘俊成　编译

从前，有一位农场主在大西洋岸边耕种一块土地。他总是不断地张贴雇用人手的广告，可还是很少有人愿意到他的农场工作，因为大西洋上的风暴总是摧毁沿岸的建筑和庄稼。直到有一天，一个又矮又瘦的中年男人找到农场主应聘。

"你会是一个好帮手吗？"农场主问他。"这么说吧，即使是飓风来了，我都可以睡着。"应征者得意地回答。

虽然这听上去有点狂妄，农场主心里也有点怀疑，但是农场主还是雇用了这个人，因为他太需要人手了。

新来的长工把农场打理得井井有条，每天从早忙到晚，农场主十分满意。

不久后的一天晚上，狂风大作。农场主跳下床，抓起一盏提灯，急急忙忙地跑到隔壁长工睡觉的地方，使劲摇晃睡梦中的长工，大叫道："快起来，暴风雨就要来了！在它卷走一切之前把东西都栓好！"

长工在床上不紧不慢地翻了个身，梦呓一样地说："不，先生。我告诉过你，当暴风雨来的时候，我也能睡着。"农场主被他的回答气坏了，真想当场就把他解雇了。

农场主强压着火气，赶忙跑到外面，一个人为即将到来的暴风雨做准备。不过令他吃惊的是，他发现所有的干草堆都已被盖上了焦油防水布，牛在棚里，鸡在笼中，所有房间门窗紧闭，每件东西都被栓得结结实实，没有什么能被风吹走。农场主这时才明白长工的话是什么意思。

这个长工之所以能够睡得着，是因为他已经为农场平安度过风暴做好了准备。如果你在精神、心理、身体等方面做好了准备，那么就没有什么东西可以令你害怕了。当风暴吹过你的生活的时候，你能睡得着吗？

（施　平　摘自美国"童子军"网）

### 年轻的猎人

一个年轻的猎人带着充足的弹药和擦得锃亮的猎枪去寻找猎物。虽然老猎手们都劝他在出门之前把弹药装在枪筒里，但他还是带着空枪走了。

"废话！"他嚷道，"我到达那里需要一个钟头，哪怕我要装100回子弹，也有的是时间。"

仿佛命运女神在嘲笑他的想法似的，他还没有走过开垦地，就发现一大群野鸭密密地浮在水面上。在这种情景下，猎人们一枪就能打中六七只，毫无疑问，够他们吃上一个礼拜的。可如今，在他匆匆忙忙地装着子弹时，野鸭发出一声鸣叫，一齐飞了起来，很快就飞得无影无踪了。

他徒然穿过曲折狭窄的小径，在树林里奔跑搜索，树林是个荒凉的地方，他连一只麻雀也没有见到。

真糟糕，一桩不幸连着另一桩不幸：霹雳一声，大雨倾盆，猎人浑身上下都是雨水，袋子里空空如也，他只好拖着疲惫的脚步回家去了。

在看到猎物的时候才去装弹药，连作为一名猎手最起码的准备工作都没有做好，当然不可能有什么收获了。

# 二十九、能力决定压力大小

**真情倾诉**

30岁的大庆，中专毕业后在一家事业单位工作，因为自己起点低，故而在工作中更加努力。由于所处行业知识更新极快，为了更好地完成工作，他不但上班时勤奋努力，下班后也拼命利用业余时间摄取知识。天道酬勤，短短几年他就被提拔为单位的业务骨干，大庆对充实的高节奏的生活也很满意。

去年大庆被晋升为中层干部，这本是个好事情，但是他却高兴不起来。自打他升职以来，不但要做业绩，新增加的管理职务更让他有些力不从心。他认为自己很辛苦，每天都很忙，大量的工作好像永远也干不完。升职后不到半年，眼看着自己部门的业绩不升反降，大庆实在着急。最近，他晚上总是失眠，白天精力不佳，有时候还心情烦躁，莫名其妙地对下属发脾气。同事对他也颇有微词，有苦说不出的大庆真不知道该怎么办了？

**冷静思索**

我们经常会说一句话，"会者不难，难者不会"。就是对于你所有处理的事情你要是不能胜任，你就会觉得焦虑、紧张，压力自然而来；但是如果你对这件事很了解，解决这个事完全就是小菜一碟，那你肯定不会产生压力。

大庆的升职不但没有提高他的工作满意度，还引发了他的工作压力。我们知道引发工作压力的一个重要因素就是工作能力和所处职位不太匹配。

从案例中我们可以得知，由于大庆的先天条件不足，在他那样的行业中，他能取得这么好的成绩完全是靠他后天的努力。但公司给其升职后，他的工作职能又发生了变化，在他的能力刚能满足现有工作时又增加了工作难度，面对这种情况，大庆会产生压力也是必然的事情。

**我来支招**

面对大庆这样的情况，有两个选择，一是回到原来的岗位。专家调查研究发现，现在很多年轻人在面对升职压力时，选择放弃升职，从而减少自己的职场压力。另一个选择就是提高自己的工作能力，使能力与职位要求相匹配，这样就能有效地解决压力问题。

如何提高一个人的工作能力呢？

首先是要提高其专业知识，即对个人工作业务方面的知识要精通。这可以通过学习专业知识，在工作中运用和实践学到的知识，并多请教同事、领导来不断提升。

其次要提高执行能力，即处理事物的方法与经验。

再次，制定合适的目标也很重要。大庆刚接受中层干部的职位，应该根据实际情况对业绩做一个客观的估计，而不是一味要求自己提高业绩。最好的目标就是"跳一跳，够得着"，这样既不会挫伤工作积极性，更不会觉得目标没有意义。

第四，学会时间管理。大庆每天都觉得很忙，是真的工作量太大还是没有掌握合适的工作方法导致工作效率低呢？学会时间管理会有效提高其工作效率，使他远离无边无际的"工作海洋"。

第五，利用团队的力量。有一句很著名的话："你不是一个人在战斗。"大庆应该学会适当的压力转移。既然有了自己的团队，就应该充分调动员工的力量，利用团队的力量来一起完成工作，而不是靠自己一个人单打独斗。

最后，如何看待压力。有些人被压力打垮，而有些人却在压力中成长。因此，压力是提高人工作能力的一个重要方面。面对压力，你认为这是一个难题，你动摇了，甚至想逃避，你就会被压力打倒！如果你认为这是一个挑战自己的机会，是一个学习新东西的机会，加上你的坚持，再加上点你的毅力，你会发现，其实，压力是最能提高自己工作能力的"神器"！

**延伸阅读**

庖丁解牛

有一个名叫庖丁的厨师给梁惠王宰牛，他手所接触的地方，肩所靠着的地方，脚所踩着的地方，膝所顶着的地方，都发出皮骨相离声，刀子刺进去时响声更大，这些声音没有不合乎音律的，竟然与《桑林》《经首》两首乐曲十分合拍。

梁惠王说："嘻！好啊！你的技术怎么会高明到这种程度呢？"

庖丁放下刀子回答说："臣下所探究的是事物的规律，已经超越了对于宰牛技术的追求。当初我刚开始宰牛的时候，对于牛体的结构还不了解，看见是整头的牛。三年之后，见到的就是牛的内部肌理筋骨，再也看不见整头的牛了。现在我宰牛的时候，臣下只是用精神去接触牛的身体就可以了，而不必用眼睛去看，就像感觉器官停止活动了而全凭精神意愿在活动。顺着牛体的肌理结构，劈开筋骨间大的空隙，沿着骨节间的空穴使刀，都是依顺着牛体本来的结构。宰牛的刀从来没有碰过经络相连的地方、紧附在骨头上的肌肉和肌肉聚结的地方，更何况股部的大骨呢？技术高明的厨工每年换一把刀，是因为他们用刀子去割肉。技术一般的厨工每月换一把刀，是因为他们用刀子去砍骨头。现在臣下的这把刀已用了十九年了，宰牛数千头，而刀口却像刚从磨刀石上磨出来的一样。牛身上的骨节是有空隙的，可是刀刃却并不厚，用这样薄的刀刃刺入有空隙的骨节，那么在运转刀刃时一定宽绰而有余地，因此我用了十九年的刀的刀刃仍像刚从磨刀石上磨出来的一样。虽然如此，每当碰上筋骨交错、难以下刀的地方，我仍会十分小心，目光集中，动作放慢，刀子轻轻地动一下，哗啦一声，骨肉就已经分离，像一堆泥土散落在地上了。我提起刀，为这一成功而得意地四下环顾，悠然自得、心满意足，然后再拭好刀把它收藏起来。"

梁惠王说："好啊！我听了庖丁的话，学到了养生之道啊。"

##### 救命的狗吠声

在一个漆黑的晚上,老鼠首领带领着小老鼠出外觅食,在一户人家厨房内的垃圾桶中有很多剩余的饭菜,对于老鼠来说,就好像人类发现了宝藏。

正当一大群老鼠在垃圾桶及附近范围大吃之时,突然传来了一阵令它们肝胆俱裂的声音,那就是一只大花猫的叫声。老鼠震惊之余,各自四处逃命,但大花猫绝不留情,穷追不舍,终于有两只小老鼠走避不及,被大花猫捉到,正当大花猫要吞下它们时,突然传来一连串凶恶的狗吠声,令大花猫手足无措,狼狈逃命。

大花猫走后,老鼠首领从垃圾桶后面走出来说:"我早就对你们说,多学一种语言有利无害,这次我就因此救了你们一命。"

# 三十、清高 OR 情商低

### 真情倾诉

无疑,阿谀奉承是所有职场菜鸟都会遇到的一件恶心事儿,比如 Anna 进入单位的第一天就被前辈张姐雷到了。只要老总一踏进办公室,张姐立刻像满弦的箭,生怕被人抢掉了点头哈腰第一人的位置。"真是讨厌!"这样想着的 Anna 常常是坐在办公桌前给老板草草行个注目礼,继续手头的工作。Anna 的想法单纯也实在:"我是老板在众多应聘者里选出来的,他聘我是来工作的,不是来端茶送水拍马屁的,做好手头工作就万事 ok 了。"

本来倒也是井水不犯河水,但听其他同事说张姐在公司可牛了,不仅是老板眼前数一数二的红人,在业务上也不含糊,给公司创下了不少业绩,并总有意无意地让 Anna 多向张姐学习时,Anna 有些不屑,更多的是不解,难道人一旦进入职场就非得这么谄媚奉承吗?产生情绪抵触的她开始考虑是不是要换个工作环境。

### 冷静思索

难道真的像 Anna 想的那样，进入职场就必须这么谄媚、做作才能混得好吗？

清高，在中国传统的观念中，它是一个褒义词，代表着"人格尊严"与"气节"。但清高也与"酸""莫名的高傲"有着若明若暗的联系。中国古代文人就常以清高自诩，他们那股不识时务的酸劲儿也是我们心知肚明的。

与人交往时，不管是与谁，我们的人格尊严是不容侵犯的，这是底线。只要不触动底线，我们对领导、对长者尊重没什么不对，没什么不好。不能把尊重领导与长者和阿谀奉承混为一谈。更不可以把不顾别人的感受，我行我素当成清高；也应当把善于察言观色和换位思考看成是具有人际交往技巧。

Anna 对张姐看不惯，这里面也有不全面之处。张姐在公司混得风生水起，不但得到老板的认同，也得到同事和客户的认可，并不全然是靠阿谀奉承。她有能力、有业绩，这恐怕才是得到认可的最重要的基础。

拥有这样本领的人不管是面对合作同事还是竞争对手，都能轻易地搞定对方，从而获得一条平坦的职场生存之路。这种人不值得赞扬吗？

坚守道德底线，保持人格尊严，灵活应对各色人等，尽可能让人满意开心，是在职场混下去、混得好的要诀。

### 我来支招

有两句话所有的中国人耳熟能详"良药苦口利于病，忠言逆耳利于行"。我们对这两句话的正确性从来没有产生过半点的怀疑。但当这两句话翻译到美国去的时候，老美却产生疑惑，翻译有误吗？答曰：没有！老美不解，良药何必苦口，加上糖衣不好吗？忠言何必逆耳，让人听得舒舒服服地不好吗？原来，做人做事，在原则不变、本质不变的情况下可以圆润一些。

职场新人，常常是刚从学校毕业的。学校里的人际关系模式，如同学之间的关系、师生之间关系与职场的人际关系模式大不相同。同学关系是完全平等的，师生关系中充满了爱与宽容，尤其是在大学里，社会上的等级观念要淡薄得多。职场可不是那么回事，你不能要求职场像学校，像你熟悉了的环境，像你早已适应了的人际关系模式。

你要学会用另一种方式表示对他人，尤其是对领导的尊重；你要学会用另一种方式与同事尤其是年长的同事打交道。这种方式开始时可能有点别扭，但"适者生存"是硬道理，你总不能总是待在学校吧！

要学会宽容。各人有各人的生活方式与处世方式，不要以为你看不惯别人，没准别人还看不惯你呢。这个世界本来就是丰富多彩，你的方式绝不是唯一正确的方式。

所有这些并非要你不保持人格尊严，不遵守道德底线。事实上，不保持人格尊严，不遵守道德底线的人，仅靠阿谀奉承一定行之不远。

顺便再说一句，在职场最重要的是有实力、有业绩。如果有一天，你敢对你的老板说："此处不养爷，自有养爷处。"那么，你将进入到自由王国的境界。也许到那时，你的态度、你的处人遇事的方式就不那么重要了！但是，如果在这个基础上还能与他人有着良好的关系岂不更好？

**延伸阅读**

### 宽容的力量

陶行知先生当校长的时候，有一天看到一位男生用砖头砸同学，便将其制止并叫他到校长办公室去。当陶校长回到办公室时，男孩已经等在那里了。

陶行知掏出一颗糖给这位同学："这是奖励你的，因为你比我先到办公室。"接着他又掏出一颗糖，说："这也是给你的，我不让你打同学，你立即住手了，说明你尊重我。"

男孩将信将疑地接过第二颗糖，陶先生又说道："据我了解，你打同学是因为他欺负女生，说明你很有正义感，我再奖励你一颗糖。"

这时，男孩感动得哭了，说："校长，我错了，同学再不对，我也不能采取这种方式。"陶先生于是又掏出一颗糖："你已认错了，我再奖励你一块。我的糖发完了，我们的谈话也结束了。"

# 三十一、这山看到那山高

**真情倾诉**

　　戴维今年25岁，大学时在师范院校学习体育教育专业，毕业后曾在一所私立学校当过3个月的体育老师。但他觉得这份工作不稳定，而且对待遇也不太满意，便辞职了，与此同时，他也放弃了从事教师工作的念头。

　　在寻找新工作期间，听同学说做销售挣钱比较快也比较容易，于是他转行做了销售。刚开始的时候还比较顺利，业绩不错，和公司的同事关系也很好，上司也很看好他。然而好景不长，由于公司运营出现问题，再加上经济危机的影响，公司效益日渐下滑，不得不裁员，戴维不幸就是其中一员。这次失业对他打击很大，他开始怀疑自己的能力，心理上总是无法释怀。

　　在家休整两个月之后，戴维又重新踏入了新的行业，这一次他应聘到一家电子商务公司。由于对该行业了解甚少，他必须从头学起。刚开始培训时戴维很认真，下班以后也会找来很多相关书籍进行学习。但3个月之后，他却辞职了，理由是自己不适合这个行业，这不是自己想要的工作。

　　在工作3年多时间里，戴维已经跳槽7次了，期间他尝试过不少行业，但总有种种原因致使他离职。今年三月份，他又到一家贸易公司工作。在进这家公司前，他还信誓旦旦一定要干满两年，对自己信心满满，然而，不到两个月，他又开始心神不定了。在工作中，遇到一些不公正的现象，他觉得很不满，抱怨社会不公平；看到一些同事虚伪的一面，他又抱怨人情冷淡；每换到一个新的行业都要从头做起、从头学起，他觉得很吃力，心里却又觉得不应该再这样跳槽了。渐渐地，他感到力不从心，压力重重，以前的那种自信也一点一点被蚕食，开始经常失眠，记忆力下降，心情变得烦躁不安，对工作也越来越厌倦，陷入深深的苦恼中。

### 冷静思索

频繁跳槽，一直是令长辈们头疼的问题。似乎我们可以很轻易地脱口而出："我不干了。"长辈时常批评我们没有耐性，意志力不坚定，这也的确是现代年轻人普遍存在的问题。越来越多的人"半途而废"，而"善始善终"的人则越来越少。

但导致择业混乱的，事实上并不是意志力的问题，而是我们不知道自己要什么？想做什么？

如果你问即将毕业的大学生，毕业之后希望从事什么行业？想要达到的目标是什么？那你很难得到确定的回答，更多的答案也许是迷茫和彷徨。在这个经济衰退且通货膨胀日益严重的年代，就业难成了很多年轻人不得不面对的问题，想要找到一份满意又适合自己的工作更是难上加难，于是，盲目就业的现象日渐增多；况且，相对于想要什么，人们似乎更清楚自己不想要什么，一旦工作中遇到自己不想要的，不会轻易降低标准妥协现状。"我受不了朝九晚五""得不到欣赏和更好的表现机会""上司脾气太坏，我受不了""公司规章制度拘束太多"……于是，频繁跳槽更是屡见不鲜。如今我们面对的是一个快速、多变、信息庞杂、处处充满压力的世界，人生、职业发展都在"不想要"里反衬"需要"，没有主动的规划，只有所谓的"顺其自然"，自然也就难有耐心和毅力。戴维就是一个很生动的例子，抱着"走一步看一步"心态的他，一直寻寻觅觅，希望找到自己满意的工作，但事与愿违，总是有这样或那样的原因致使他离职。让我们客观冷静地来看，这些问题真的不能避免吗？究竟是他时运不济还是他的心态有问题？马克思主义哲学告诉我们，外因通过内因起作用，内因是主要原因。正是因为戴维总是有"不合我意就干不了"的想法，吃不了苦，没有尽全力做好自己该做的事情，才导致他一次又一次的跳槽。多次更换行业，经验得不到积淀，屡屡挫败当然会使之丧失耐心和毅力。

让我们换个角度来看，即使在工作中遇到许多令人不满意的问题，单纯靠跳槽就能够彻底解决问题吗？答案显然是否定的，而这一点却是人们常常忽略的问题。时常跳槽的人往往有一种逃避心理，遇见问题的第一时间不是积极想办法解决，而是选择逃避。这样不仅不能解决问题，反而会让自己陷入迷茫，不知何去何从，更不知如何找到人生事业的切入点。

有人说，在学校读书是我们享受和获取社会提供的资源的机会，那么参加工作便是我们回报社会、献出自己一份力的时候，同时也是实现自身社会价值的时候。因此，踏入工作岗位后，每一个职场新人都必须有拥有清晰的职业目标和规划。

## 我来支招

拨开前方的迷雾其实并不难，想弄清楚自己想要什么，首先要了解自己，清晰地明白自己的初衷。我们要学着分析自身存在的问题，发现自己的优势并用实践的方式让你的优势更加凸显，这样，通过经验的积累和详细的分析，找到能够使你的优势得以充分发挥的行业，你的职业方向也自然清晰可见。

在职业方向确定后，再在适合自己的行业中努力工作，从基层做起，积累经验的同时不断地吸收能量。相信几年后，你会熟悉或是精通整个部门乃至整个行业的流程和运营，你会发现一个崭新且充满自信的自己。

很多人都会在寻找目标的过程中迷失自己，甚至盲目跟风。盲目会使人越来越孤僻，在与人交往中总以灰色的眼光看待外界的一切，从悲观、消极的角度去思考问题。所以，作为刚刚走上社会和职业道路的年轻人，应该给自己一个比较切合实际的定位，即使在工作中遇到不尽如人意的问题，也要先冷静下来，及时地调整好自己的心态，适应新的生活和工作。

要学会忍耐。凡事不可能一蹴而就，成大事更是如此。一点耐心没有，到处浅尝辄止，成功肯定不会与你意外相逢。

## 延伸阅读

### 一夜暴富的梦想

一位立志在40岁非成为亿万富翁不可的先生，在35岁的时候，发现这样的愿望根本达不到，于是放弃工作开始创业，希望能一夜致富。

5年间，他开过旅行社、咖啡店、花店，可惜每次创业都失败，也陷家庭于绝境。他心力交瘁的太太无力说服他重回职场，在无计可施的绝望下，跑去寻求高僧的帮助。高僧了解状况后跟他太太说："如果你先生愿意，就请他来一趟吧！"

这位先生虽然来了，但从眼神看得出来，这一趟只是为了敷衍他太太而来。高僧不发一语，带他到僧庙的庭院中，庭院约有一个篮球场那么大，庭中尽是茂密的百年老树，高僧从屋檐下拿起一支扫把，跟这位先生说："如果你能把庭院的落叶扫干净，我会把如何赚到亿万财富的方法告诉你。"

虽然不信，但看到高僧如此严肃，加上亿万财富的诱惑，这位先生心想扫完这庭院有什么难，就接过扫把开始扫地。过了一个钟头，好不容易从庭院一端扫到另一端，眼见总算扫完了，他拿起畚箕，转身准备畚起刚刚扫成一堆堆的落叶时，却看到刚扫过的地上又掉了满地的树叶。

懊恼的他只好加快扫地的速度，希望能赶上树叶掉落的速度。但经过一天的尝试，地上的落叶跟刚来的时候一样多。这位先生怒气冲冲地扔掉扫把，跑去找高僧，想问高僧为何这样开他的玩笑？

高僧指着地上的树叶说："欲望像地上扫不尽的落叶，层层盖住了你的耐心。耐心是财富的声音。你心上有一亿的欲望，身上却只有一天的耐心；就像这秋天的落叶，一定要等到冬天叶子都掉光后才能扫得干净，可是你却希望用一天就扫完地。"说完，就请夫妻俩回去。

临走时，高僧对这位先生说，为了回报他今天扫地的辛苦，在他们回家的路上会经过一个谷仓，里面有100包用麻布袋装的稻米，每包稻米都有100斤重。如果先生愿意帮他把这些稻米搬到谷仓外，就会看到稻米堆后面有一扇门，门里头有一个宝物箱，里面是善男信女们所捐赠的金子，数量不是很多，就当作是你今天扫地与搬稻米的酬劳。

这对夫妻走了一段路后，看到了一间谷仓，里面整整齐齐地堆了约二层楼高的稻米，完全如同高僧的描述。看在金子的份上，这位先生开始一包包地把这些稻米搬到仓外。数小时后，当快搬完时，他看到后面真的有一扇门，兴奋地推开门，里面确实有一个藏宝箱，箱上并没有上锁，他很容易地就打开了宝物箱。宝箱内有一个麻布袋，他拿起麻布袋并解开绳子，伸进手去抓出一把东西，可是抓在手上的不是黄金，而是一把黑色的小种子，他想也许它们是用来保护黄金的东西，所以将袋子内的东西全倒在地上。但是，地上没有金块，只有一堆黑色籽粒及一张纸条，他捡起纸条，上面写着：这里没有黄金。

这位受骗的先生失望地把手中的麻布袋重重摔在墙上，愤怒地转身打开那扇门准备离开，却见高僧站在门外双手握着一把种子，轻声说："你刚才所搬的百袋稻米，都是由这一小袋的种子费时四个月长出来的。你的耐心还不如一粒稻米的种子，怎么听得到财富的声音？"

显然，一粒稻米，职守耐心，终成满仓稻粮，耐心的人才听得到财富的声音。

### 河边的苹果

一位老和尚，他身边聚拢着一帮虔诚的弟子。这一天，他嘱咐弟子每人去南山打一担柴回来。弟子们匆匆行至离山不远的河边，人人目瞪口呆：只见洪水从山上奔泻而下，无论如何也休想渡河打柴。无功而返，弟子们都有些垂头丧气。唯独一个小和尚与师傅坦然相对。师傅问其故，小和尚从怀中掏出一个苹果，递给师傅说，过不了河，打不了柴，见河边有棵苹果树，我就顺手把树上唯一的一个苹果摘来了。后来，这位小和尚成了师傅的衣钵传人。

# 三十二、就怕与人接触

**真情倾诉**

与同事之间的相处是让T感到头疼的问题。平日交往中,他与同事之间的交流不多,总觉得"言多必失"。同事下班一起聚餐娱乐,他也常常婉言拒绝,怕给别人添麻烦,也怕自己在不熟悉的公共场合表现欠佳为自己减分,害怕自己表现不好让别人讨厌自己。他想表现最好的给别人看,希望别人喜欢自己,但却发现总是事与愿违,久而久之,也越来越没了信心,更加地封闭自己。

T曾在日记中写道:"我不知道该如何交朋友,不知道如何处理同事间的关系。我不明白为什么只要是涉及工作中的人际关系,我的脑筋就好像完全死机一样,反应迟钝,也不知道应该如何做出反应,完全是凭下意识来对待,常常事过境迁,多日以后,才发现自己做错的事情。可是,下一次再遇到这类事情,我仍然是做出同样的反应,好像我的意识只要遇到人际关系,就自动卡壳了。我到底是哪里出了问题呢?该怎么办好……"

**冷静思索**

你知道"社交恐惧症"吗?

社交恐惧症俗称"见人恐惧症",是恐惧症中最常见的一种,约占恐惧症病人的一半。社交恐惧症是一种对任何社交或公开场合感到强烈恐惧或忧虑的心理障碍。患者对于在陌生人面前或可能被别人仔细观察的社交或表演场合,有一种显著且持久的恐惧,害怕自己的行为或紧张的表现会引起羞辱或难堪。有些患者对参加聚会、打电话、到商店购物或询问权威人士都感到困难。

一般人对参加聚会或其他会暴露在公共场合的事情都会感到轻微紧张,但这并不会影响到他们出席。然而，社交恐惧症患者总是处于焦虑状态，他们害怕自己在别人面前出洋相，害怕被别人观察。在参加任何社会聚会之前，他们都会感到极度的焦虑，会想象自己如何在别人面前出丑。当他们真的和别人在一起的时候，会感到更加不自然，甚至说不出一句话。当聚会结束以后，他们会一遍一遍地在脑子里重温刚才的镜头，回顾自己是如何处理每一个细节的，自己应该怎么做才正确。对他们来说，与人交往，甚至在公共场所出现，都是一种极其恐怖的任务。社交恐惧症会导致无法承受的恐惧，在严重的案例里，病患甚至会长时间把自己关在家里孤立自己。

从T的种种表现来看，他已经患上了一定程度的社交恐惧症。他总是希望自己表现好，希望别人喜欢自己，却又害怕与别人交流；他希望通过自己努力工作得到晋升，殊不知正是与同事上司交流太少，导致工作效率低下，完不成任务，达不到要求，从而影响了业绩；他害怕出现在陌生的场合，不敢与人过多的交流，怕自己出丑，在与人交往中也过于焦虑和紧张，逐渐丧失信心和勇气，愈加对自己予以否定。

一项研究显示，那些在工作中八面玲珑、同事缘极好的人，其寿命可能比不受同事待见的人要长。来自以色列特拉维夫大学的研究人员说道："来自同事的支持和帮助能够衡量一个人是否良好地融入到工作中，它能有力预测出一个人的死亡风险。"可见，处理好工作中的人际关系，是如此重要。

人生来便是群居动物，人的生存离不开社会，社会的发展也同样离不开人们的合作与竞争，特别是在工作中，人与人之间的交流与配合显得尤为重要。处理好与同事之间的关系，有助于我们快速适应环境，全身心投入到工作中，同时，也有利于相互之间的合作，共同创造业绩。

## 我来支招

对于社交恐惧症患者来说，要想克服恐惧，就要正确地评价自己，发掘自己身上的优势，要记住"尺有所短，寸有所长"的道理。在人际交往中要懂得扬长避短，你总有你的优势，任何人也都有自己的不足，自己并不比别人差多少。想要自己处处优秀，高人一筹，这是期望太高的表现，这容易给自己造成心理压力，反而无法正常和人交往。

　　现在，就从接纳自己开始。接纳自己，不否定自己，不断地告诫自己"我是最好的我""天生我材必有用"，这样可以停止对自己的挑剔、批判、责难，不再苛求自己，不再急于从负面情绪中逃开。真实面对后，常常发现事实没有之前想得那么可怕。

　　有可能的话，多到陌生并且人多的地方去，让不断过往的人流在眼前经过，试图给人们以微笑。要让自己逐渐适应陌生的环境，学会调整心态和缓解紧张焦虑，从而克服心理障碍，释放压力。

　　这里再介绍一种"系统脱敏法"，它有助于解决社交恐惧的问题。下面以社交恐惧中的演讲恐惧为例说明之：

　　现在我处于愉悦的放松状态之中，深呼吸……感受身体的放松带来的内心最深刻的安静……感受面颊和身体的肌肉一寸寸地放松，想象自己最轻松时刻的感受，想象一下自己做过的成功的事情，体会当时自信的感觉……

　　在脑海里，我把自己的演讲恐惧程度分为四个等级。

　　1级——独自在家作一番讲话；

　　2级——在熟悉的环境里对朋友说一段感想；

　　3级——在陌生的环境中对熟人演说；

　　4级——在陌生的环境中向陌生的人群发表演讲。

　　现在想象自己来到第1级情境中——家里，面对空无一人的房间，做一番激情澎湃的演讲。深呼吸，躯体不断放松，带来了精神上的放松，我觉得我能够从容自如地表现自己，这是很容易做到的……

　　接下来，我来到了设想的第2级情境中——在熟悉的环境里对朋友说一段感想……当我觉得紧张不安时，我便把意识集中在体验肌肉的放松上，体会心理的平静，慢慢地，我不再紧张不安……

　　想象自己到达第3级情境中——在陌生的环境里对熟人演说……我感觉到有一点不安全，但是还好，都是熟人，他们都认识我……慢慢地，我渐渐地放松下来……

　　带着放松的心情来到了第4级情境——在陌生的环境中对陌生的人群发表

演讲。我看到周围的一切都不是我熟悉的，我感到很不安全……我很紧张，我一个字都说不出来。这时，我想象自己退回刚才的第3级情境中，我慢慢地深呼吸……感觉身体肌肉的放松……想象自己正在做一些增强自信的附加动作，如挺胸，放大说话声音，眼神坚定有力，想象自己精神奕奕，信心倍增……不断地暗示自己"想怎么说就怎么说，想说什么就说什么，不要顾虑别人的想法"慢慢地，我觉得一切都很正常，没有什么是我害怕的……于是，我又回到第4情境，带着放松的心情来想象自己的表现，发现自己跟平时一样，没什么大不了的……

## 延伸阅读

### 梦

有一个人做了一个梦，梦中他来到一间二层楼的屋子。

进到第一层楼时，发现一张长长的大桌子，桌旁都坐着人，而桌子上摆满了丰盛的佳肴，可是没有一个人能吃得到，因为大家的手臂受到魔法师诅咒，全都变成直的，手肘不能弯曲，而桌上的美食，夹不到口中，所以个个愁苦满面。

但是他听到楼上却充满了欢愉的笑声，他好奇地上楼一看，同样也有一群人，手肘也是不能弯曲，但是大家却吃得兴高采烈。

原来每个人的手臂虽然不能弯曲，但大家互相沟通后，想出了办法，那就是让对面的人彼此协助，互相帮助夹菜喂食，结果大家吃得很尽兴。

### 钉子的故事

从前，有一个脾气很坏的男孩，他的爸爸给了他一袋钉子，告诉他，每次发脾气或者跟人吵架的时候，就在院子的篱笆上钉一根。第一天，男孩钉了37根钉子。后面的几天他学会了控制自己的脾气，每天钉的钉子也逐渐减少了。他发现，控制自己的脾气，实际上比钉钉子要容易得多。终于有一天，他一根钉子都没有钉，他高兴地把这件事告诉了爸爸。

爸爸说："从今以后，如果你一天都没有发脾气，就可以拔掉一根钉子。"日子一天一天过去，最后，钉子全被拔光了。爸爸带他来到篱笆边上，对他说：

"儿子，你做得很好，可是看看篱笆上的钉子洞，这些洞却永远也不可能恢复了。就像你和一个人吵架，说了些难听的话，你就在他心里留下了一个伤口，像这个钉子洞一样。"插一把刀子在一个人的身体里，再拔出来，即便伤口愈合了，伤疤也永远都在。无论你怎么道歉，伤疤总是在那儿。要知道，身体上的伤疤和心灵上的伤口一样都难以恢复。

社交恐惧症自测问卷

1. 我怕在重要人物面前讲话。 答：(①②③④)
2. 在人面前脸红我很难受。 答：(①②③④)
3. 聚会及一些社交活动让我害怕。 答：(①②③④)
4. 我常回避和我不认识的人进行交谈。 答：(①②③④)
5. 让别人议论是我不愿的事情。 答：(①②③④)
6. 我回避任何以我为中心的事情。 答：(①②③④)
7. 我害怕当众讲话。 答：(①②③④)
8. 我不能在别人注目下做事。 答：(①②③④)
9. 看见陌生人我就不由自主地发抖、心慌。 答：(①②③④)
10. 我梦见和别人交谈时出丑的窘样。 答：(①②③④)

记分方法：

每个问题有4个答案可以选择，它们分别代表：①从不或很少如此；②有时如此；③经常如此；④总是如此。根据你的情况在上表中圈出相应的答案，此数字也是你每题所得的分数。将分数累加，便是你的最后得分了。

总分在10~20分的范围内，你没患社交恐惧症。

总分在21~30分的范围内，你已经有了轻度症状，照此发展下去可能会不妙。

总分在31~35分的范围内，你已经处在社交恐惧症中度患者的边缘，如有时间可以找心理医生进行咨询。

总分在36~40分的范围内，很不幸，你已经是一个较严重的社交恐惧症患者了，可去求助精神科医生，他会帮你摆脱困境。

# 三十三、我成了时间的奴仆

**真情倾诉**

35岁的刘鹏研究生毕业后在某公司工作了7年，现在已经升职为中层干部，可谓事业小有所成，经济上也有一定的积蓄。可是最近他觉得自己越来越疲惫。

参加工作以来，有时老板规定3天完成的工作，他都是以最快的速度完成。因为他所在的公司，大家做事的效率都很高，如果做得比别人慢，自己的位置就不保，经过几年的努力工作，他才得到了这个的职位，为了不给后来者可乘之机，他觉得自己必须更加努力。

"我总是在加班，有时要加到很晚，基本上每天如此，连周末也不例外。几乎就没有休息的时间，因为我不想被取代，所以我要更努力。"结果是：一没事做他就全身不自在，于是想方设法揽一些事情来做。

刘鹏是个自尊心和进取心都较强的人，平时只知埋头苦干，不太善于与人沟通，也不常与朋友交往。他说："我已经成了时间的奴仆，有时就像一个陀螺，永远没有停歇的时候，除非灭亡。我已记不清何时逛的街，何时和朋友一起出游过，何时享受过泡澡，何时睡个好觉、吃顿好饭，脑子里有一根弦始终绷得很紧。有一天这根弦断了，我也就完蛋了。"

**冷静思索**

严格说来，刘鹏的症状其实是职场上多见的"压力上瘾症"。现代都市的职场人，在工作上投入了许多的精力，一旦停下日常周而复始的工作，他们会因为已经习惯了的快节奏和压力突然被打破而不知所措，甚至产生失落感。

具体表现为：他们习惯不断地给自己加压，通过努力工作获得物质上的满足,初步实现社会价值;另外,"压力上瘾"族总是把日程填得满满的,乐此不疲地筹划着下一个行动计划,一旦放松下来,反而会有一种罪恶感。

正如案例中主人公所说的那样,他就像一个陀螺,永远没有停歇的时候。在我看来,他同样像被鞭打着不断重复转圈拉磨的骡子,他早已被时间所奴役,甚至失去了自我。

有此症状的职场人士,请谨记:你是时间的主人,要由你来安排做事的时间,而不是由事情来占满你的时间。

我们要学会主动把握时间,而这一切的决定者就是你。

**我来支招**

职场人士总是感到事情堆积如山,时间不够用。这一问题具有广泛的普遍性,相应的对策就是时间管理。

时间管理不是指加班或挤时间,而是由你自己主动地、有序地、合理地安排时间。请谨记:你是时间的主人,要由你来安排做事的时间,而不是由事情来占满你的时间。

这不是文字游戏,而是工作的主动者与被动者的区别。

如果是由你来安排做事的时间,那么你是工作的主动者,一切由你支配、掌控,虽然你可能很忙,但你就不会感到很累,不会感受到那么大的压力。

如果是由事情来占满你的时间,那么你是工作的被动者,你会感到疲于奔命,常常不知所措,巨大的压力自然扑面而来。

根据事情的轻重缓急来安排解决时序;有些工作做在事件发生之前,而不是事后去救火。

试一试吧,变换一下你的工作模式,尽管还是在做事,但你的心情会不同,感受会不同,工作的效率与满意度也会不同。

## 延伸阅读

片刻小憩

我喜欢赚钱,也喜欢竞争,但最终要把握一条,工作是为了生活。如果工作和生活发生冲突,何不暂时把工作忘记?想法简单了,心情就自然开朗了。

一旦工作压力承受不了的时候,我就请假休息。动手装饰自己的时尚小屋;做顿晚饭请朋友们来会餐;邀几个朋友上街去逛逛;或者参加小区的太极拳训练班、老妈妈秧歌队,我经常这样放松自己,享受每一天。

画画一直是我的爱好,前不久,我参加了一个为期两个月的油画学习班。那里各种年龄的人都有,虽然她们平时都很忙,压力也很大,学油画的目的也各不相同,但每个人都兴致勃勃,精神状态很好。同事说,我最大的变化就是不再轻易发怒,也不再轻易说"永远"了。我的体会是让情绪从紧张的工作中跳了出来。

# 第三部分
## 减压良方

本部分辑录了多种简便而有效的减压技术，有减压需要的各位朋友可从中选择一到两种技术，坚持使用，必有效果。

# 一、呼吸减压法

我国心理学家杨立能先生在《大众心理学》杂志上介绍的呼吸法减压，很有参考价值，现录于下：

呼吸对于维持生命是必需的，正确的呼吸方法可以抵抗精神压力。虽然人人都在呼吸，但是很少有人有自然的充分呼吸的习惯。不正确的呼吸使吸入肺中的新鲜空气不足，血液不能充分净化，循环系统中废物残留过多，于是身体器官和组织缺乏营养，受到损害；血中缺氧还会引起焦虑、压抑、急躁、肌肉紧张和疲乏，难以应付应激情境。正确的呼吸习惯是心理和身体健康的基础。

下面介绍的几种呼吸训练方法能解除焦虑、压抑、急躁、肌肉紧张和疲劳，也能用于防治屏息、过度换气、短促呼吸和手脚冷。对下面各种练习可先做普遍的尝试，然后选择几种对自己最有益的方法来练习。

### 1. 提高呼吸意识的清晰度

平躺在垫子、毛毯或床垫上，两腿伸直，稍分开，两脚的脚趾指向外侧，两臂伸直分开手掌向上，眼睛微闭。把手平放在胸部，注意自己的呼吸是浅短的还是深长的；现在把双手轻轻地放在腹部，注意腹部随着呼吸而升降。注意胸部的运动与腹部协调一致吗？用1～2分钟练习胸腹运动的协调一致。用意念扫描身体的紧张区，特别是喉、胸、腹部。

### 2. 深呼吸练习

这个练习可以采用站式、坐式和卧式。最好用卧式，平躺在地毯或床垫上，两肘弯曲，两脚分开约20厘米，脚趾稍向外，背躺直。对全身紧张区逐一扫描将一手置于腹部，一手置于胸上。用鼻子慢慢地吸气，进入腹部，置于腹部的手随之舒适地升起。现在微笑地用鼻子吸气，用嘴呼气，呼气时轻轻地、松弛地发出"呵"声，好像在将风轻轻吹出去。使嘴、舌、腭感到松弛。做深长缓慢地呼时，体会腹部的上下起伏，注意呼吸时的声音越来越松弛的感觉。

这个练习每天需做 1～2 次，每次 5～10 分钟。

1～2 周后可以将练习时间延长至 20 分钟。

每次练习结束，用一些时间检查身体上是否还有紧张点，如果有，比较这种紧张与练习开始时的紧张感有没有区别。

### 3. 叹气练习

人在白天有时会叹气或打呵欠，这是氧气不足的征兆，叹气、打呵欠是机体补充氧气的方式，也能减少紧张，因此可以作为松弛的手段来练习。

站立或坐着深深地叹一口气，让空气从肺部跑出去。不要想到吸气，让空气自然地进入。重复 8～12 次，体验一下松弛感。

### 4. 充分而自然式呼吸练习

健康的婴儿和原始人采用充分而自然的呼吸方式，文明时代的人喜欢紧身服饰，并且老坐着不动，过着紧张的生活，已经没有了这种呼吸习惯。下面的练习可帮助我们恢复充分而自然的呼吸。

坐好或站直，用鼻子呼吸。吸气时，先将空气吸到肺的下部，此时横膈膜将腹部推起，为空气留出空间；当下肋和胸腔渐渐向上升起时，使空气充满肺的中部；最后慢慢地使空气进入肺的上部。全部吸气过程需时 2 秒，要有连续性。屏住气约几秒钟。慢慢地呼气，使腹部向内缩一下，并慢慢地向上提。气完全呼出后，放松胸部和腹部。吸气之末可以抬一下双肩或锁骨，使肺顶部充满新鲜空气。

### 5. 拍打练习

这个练习可以使人清醒，变紧张为松弛。

直立，两手侧垂，慢慢吸气时，用手指尖轻轻拍打胸部各个部位。吸足并屏住气后改用手掌对胸部各部位依次拍打。吸气时嘴唇如含麦秆，用适中的力一点一点间歇地吐气。重复练习，直到感到舒服。同时可将拍打部位移到手所能触及到的身体其他部位。

### 6. 提神练习

精力不够时做以下练习，可以刺激呼吸系统、循环系统和神经系统。

站直，两臂侧垂。用上面介绍的充分自然式方法呼吸。手臂徐徐向上，举至肩部时两手握紧拳，慢慢地两手握拳侧平举。握着拳两臂收回到肩部，再向两侧平举，重复多次，加快速度。放松两手，回到身体两侧，同时用力吐气。

重复上述各个步骤，直到感到精神饱满。

### 7. "风车"

伏案工作几小时感到紧张时，"风车"练习能使你清醒提神，方法如下：

站直，两臂向前伸，吸气，保持充分自然的呼吸，两臂由前向后转圈若干次，然后反向转若干次。也可像风车一样，两手呈一直线一前一后同时转圈。用嘴用力吸气。上述过程反复几次。

### 8. 弯曲

人感到僵直紧张时可以做弯曲练习，它可以伸展躯干，使呼吸更灵便，方法如下：

站直，两手置于臀部。吸气，保持充分而自然的呼吸。身体下部保持笔直，尽量向前弯腰，并慢慢地充分地呼气。站直，吸气，再保持充分自然的呼吸。慢慢地呼气的同时身体向后弯。同上，站直，吸气，身体向左弯曲，然后向右弯曲。完成前后左右4次弯腰后，用适中的力量一点一点有间歇地呼气。

上述动作一共做5轮。

### 9. 充分自然呼吸加想象

这个练习将充分自然呼吸的松弛效果与肯定性自我暗示的医疗价值结合在了一起。

取练习一那样的平卧姿势，两手轻轻放在太阳丛部位（上腹部肋尖处），做几分钟充分自然式呼吸。随着每一次吸气，想象能量进入肺部，并立即储存于太阳丛处。想象随着每次呼气，能量流到身体的各部分。在心理上形成能量不断流动的图景。

以上练习，每天至少一次，一次 5~10 分钟。然后进行以下两种变式练习。第一种：一手放在太阳丛，另一手放到受伤或紧张的部位。当你吸气时，想象能量是由肺储存于太阳丛处，当你呼气时，想象能量流到了需康复的部位。吸入更多的气，呼气时想象能量驱除了病痛。第二种变式与第一种基本相同，只是呼气时想象是你指挥能量在驱除病变部位。

### 10. 交替呼吸

对于紧张性头痛，交替呼吸有明显疗效。

舒适地坐好，将右手的食指与中指放在额上。用拇指关住右鼻孔，让空气慢慢地从左鼻孔吸入。用无名指关闭左鼻孔，同时松开拇指，使空气慢慢地无声地从右鼻孔呼出。从右鼻孔吸气，然后用拇指关闭右鼻孔，开放左鼻孔，从左鼻孔呼气。从左鼻孔吸气……如上反复 5~25 次。

# 二、放松暗示减压技术

这里推荐一种整合了腹式呼吸、放松训练、自律训练与自我催眠 4 种疗法，以放松与暗示为主要手段的减压技术，我们称为"放松暗示减压技术"。

放松暗示减压技术的主要特点是：

（1）效果直接、显著，感觉良好、有益身心。

（2）省时，每次不超过 20 分钟。

（3）方便，熟练后任何时间、地点都能进行。

（4）经济，无须任何花费。无副作用，无心理障碍。

1. 肩部放松

（1）用力耸起肩膀，向双耳靠拢，收缩脖子后部、背部和肩膀上的肌肉。保持这个姿势。深吸一口气……

（2）屏住呼吸……保持紧张……把注意力集中到肩部的紧张上……收集起来……想象你正肩负着所有的任务和压力……

（3）呼气……将吸入的空气彻底呼出，双肩突然放松……同时心中默念：释放紧张……释放压力……释放疼痛……释放困扰……

（4）重复一次。

（5）体验肩部放松后的舒适感觉，想象一下你正为一艘船起锚，或是脱去一件被雨水淋透的外衣。

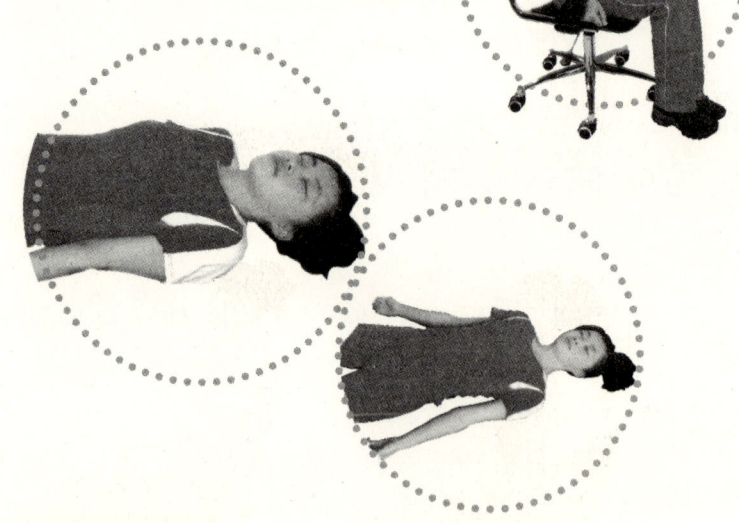

2. 手臂放松

（1）双手同时握拳……紧紧握住……深吸一口气……保持住……就像手中攥着某个东西。确信自己将手握到了最紧……保持手指紧紧合并的握拳姿势……

感受到其中所有紧张……用尽全身的力气尽量握紧。

（2）慢慢地把手打开……手指往外伸展……同时缓缓呼气……

（3）手臂僵直，举在胸前，吸气，屏住呼吸，并保持这种紧张感。感受二头肌、三头肌、前臂……正充斥着紧张……开始呼气，同时手臂突然放松……释放紧张、压力……让它们随风飘散……

（4）重复一次。

（5）心中默念：手臂沉重……手臂沉重……体验放松后手臂慵懒倦怠状的沉重感……

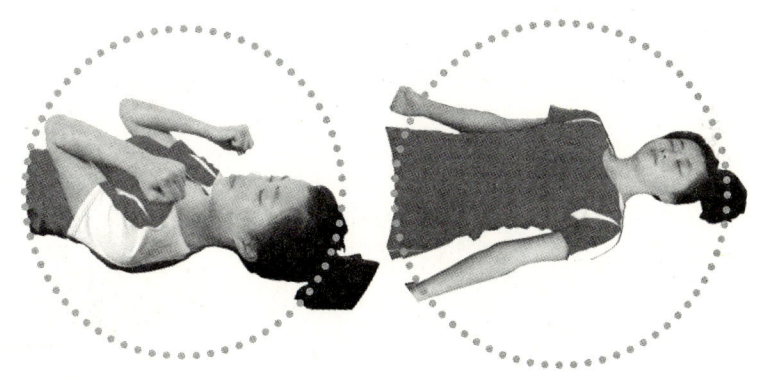

（6）沉重感获得后，心中默念：手臂渐渐发热……手臂渐渐发热……感受手臂沉重后的舒适的感觉……手臂越来越重……越来越热……压力如同融化的蜡一样，顺着手臂、手掌、指尖流出去……

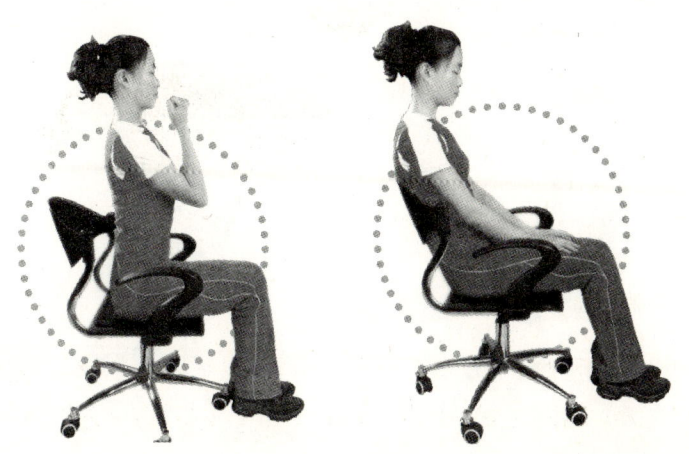

### 3. 双腿放松

（1）将脚趾往下蜷起，蜷得越紧越好。绷紧小腿肚和大腿的肌肉，使其达到最大限度的僵硬。深深地吸气，屏住呼吸的同时保持肌肉紧张……

（2）缓慢地呼气，缓慢地放松脚趾，放松小腿肚和大腿的肌肉，感受双脚和双腿中的紧张与压力被慢慢地释放……

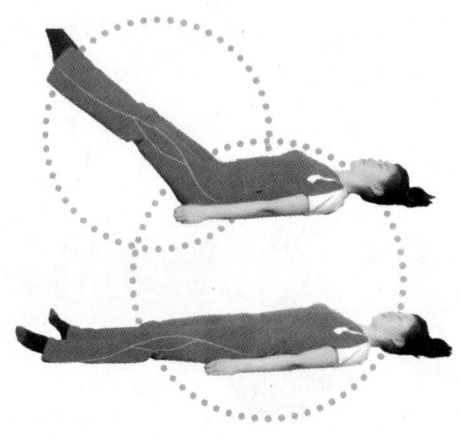

（3）重复一次。

（4）再次深呼吸。把双腿想象成两大块浸透了水的布，潮湿而松软。有点重，但很舒适……

（5）双腿也渐渐开始发热了，热乎乎的。压力和疲劳沿着双腿流出体外，如同热糖浆从药瓶中淌出……

**4. 背部放松**

（1）绷紧背部，用足力气，弓成一个空心交叉的姿势。同时深吸一口气，保持这种紧张姿势。

（2）将注意力集中于背部肌肉，感受背部肌肉的紧张……酸痛……疲惫……

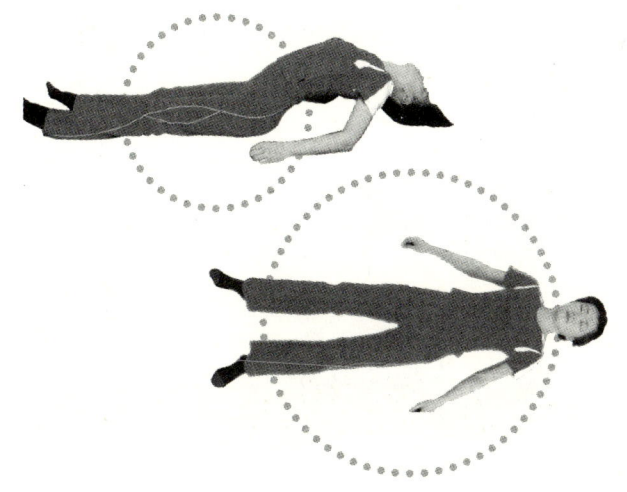

（3）突然松开紧张，背部与垫子（椅子）相碰触。

（4）缓缓地呼气，想象本来紧绷着的身体像一根突然松开的琴弦……全身软软地瘫在垫子（椅子）上，压力被一点一点地从背部挤了出去……

### 5. 胸部放松

（1）用力扩展你的上半身，深吸一口气，把空气吸入你的胸腔，整个人体好像得到了扩张，保持这种紧张。

（2）突然松开紧张。

（3）缓缓地呼气。

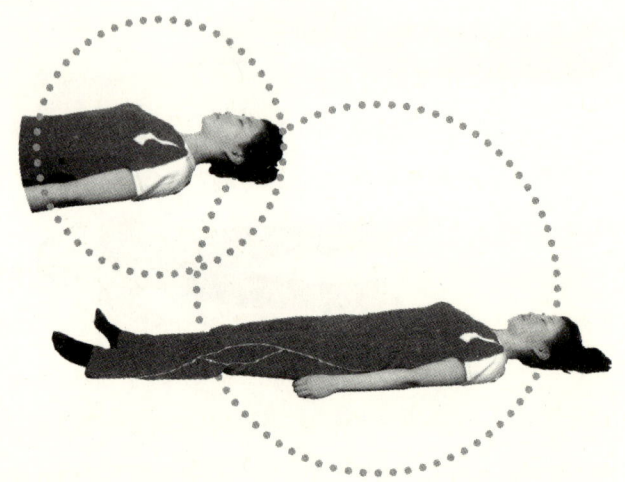

（4）感觉心跳变慢了……血压规律了……身心都比以前更轻松了……

（5）在脑海中浮现心脏正在跳动的模样，"扑通、扑通"的跳动会通过你的右手传达到全身。此时的心脏如同荡漾于涟漪之中的一叶小舟，在愉快的律动中舒适地摇摆。所有的紧张与压力都成了盘子中的酒精，慢慢地蒸发和消失掉了……

**体验**

我身体的各部位都已经放松了,现在我要享受这放松后宁静而舒适的感觉……

再做三四次彻底的深呼吸……每次吸气时能将新鲜的空气带进身体,每次呼气时能将用过的空气排出身体。就像一只风箱……吹着健康的风……

每一口呼出的气都能带走体内的压力……带走担忧……带走不适。就像一只正在煮着水的茶壶,蒸汽从茶壶中跑出来,释放了壶中的压力……

我能感受到身体上的肌肉在放松……这种感觉从头部往下扩散……到达脸……到达肩膀……到达手臂……到达胸部……遍及整个背部……

脑海中出现一幅画面:我能看见自己正站在楼梯的顶端,感受周围的气味和声音,如鸟语花香……如果我听到车驶过或飞机从头顶飞过……我知道自己可以把所有的紧张……所有的压力都装进手提箱或包裹,扔到汽车或飞机上。当它们的声音渐渐远去……我知道自己的紧张和压力也随之远去了。

马上我要下楼梯了,它也许有10层台阶……当我往下走的时候,我会数出每一层台阶。每下一层台阶,我将感到更加放松……更加舒服……

我准备好要开始了。我现在头脑很清楚,我可以看见或感觉到那个楼梯,感觉到每层台阶……我准备好了。

10……从楼梯上走下的第一步。我很惊喜地发现自己摆脱了不少紧张。就像任何一次旅途中迈出的第一步……第一步通常是很重要的……放松。

9……第二步,我能感觉到自己好像在舒适、晴朗的天气里散步。我走得越远、下的台阶越多,感觉就越舒服,离烦恼和担忧也越远。

8……紧绷的感觉慢慢变得松懈,温暖和凉爽取代了它们。

7……我还能看见许多色彩。也许是楼梯或墙壁的颜色……或者是天空,是墙上图画的颜色。灰色能带来一阵凉爽的风,吹遍我的全身……明亮的蓝色带给我阳光直射时的温暖。

6……我下到楼梯的一半了。我看到了绿色,就像室外的草坪。看到大红色、粉红色或黄色、金色、棕色,甚至是黑色或白色,这些颜色交织在一起或清晰地分开……像是从万花筒中看到的画面,在深度放松中,我看到色彩缤纷的彩虹……帆船或小艇……油画……气球。

5……随着我继续往下走,放松的感觉传遍了全身……如此地舒服,如此地安全,我正在享受这种体验……我知道我可以到自己向往的任何地方游玩……

4……感到越来越放松。

3……下到楼梯的一个新高度。我能感到身体的温暖,或者是凉爽。整个人仿佛置身于一幅油画,或某个景点……

2……快要到了。

1……我感到了深度的放松……我已经到达了宁静平和的境界。我的手臂变得越来越轻,好像要飘起来了……就像一片树叶……我可以肯定地说:我正在进行积极地改变!

# 三、意象冥想

意向冥想技术也是一种放松技术,它不需要做任何实际动作,仅仅是通过想象来获得放松与体验。

我将开始深呼吸,也许要做三四次彻底的深呼吸,让自己更加舒适和放松。当我这么做的时候,我会特别留意呼气时,空气离开身体,我体验到的各种感受……

每次吸气时能将新鲜的空气带进身体,每次呼气时能将用过的空气排出身体。就像一只风箱……吹着健康的风……迎面吹向我。每次吸气时,我都能体会到期待的那种舒适……每次呼气时,我能感到更加舒适。

每一口呼出的气都能带走体内的压力……带走担忧……带走不适。我可以想象一只正在煮着水的茶壶，我看到蒸汽从茶壶中跑出来，释放了茶壶中的压力。伴随茶壶嘶嘶的声音，我将体内的空气呼出……就像那只茶壶一样……释放不必要的……多余的压力和紧张。

我能感受到身体上的肌肉在放松。这种感觉首先从头部往下扩散……到达脸……到达肩膀……到达手臂……到达胸部……遍及整个背部，到达腰部。每呼出一口气，我呼出了更多的紧张……呼出了更多的烦恼。

当我自然地继续呼吸，很舒适地深呼吸……有节奏地呼吸……我在脑海中勾画出一段楼梯，可以是任何样子的楼梯。也许是旋转楼梯……也许就是常见的那种楼梯……甚至可以是我从电影或电视节目中看到的楼梯。它是什么形状，看上去是什么样子，这些都不重要。

我可以规定这段楼梯的台阶数。也许它有10层台阶……我能看见自己正站在楼梯的顶端。当我站在那里时，我也许能感受到周围的气味和声音……我可能会听到鸟鸣声或其他室外的声音，因为外面的人正忙碌着……就像我现在腾出时间来一样，为了我自己……这是非常自然的。

如果我听到车驶过或飞机从头顶飞过……我知道自己可以想象所有的紧张……所有的压力都被装进了行李箱或包裹。当车和飞机经过时……我可以想象自己将包裹丢了出去，落到了汽车、卡车、火车或飞机的尾部。当它们离开，声音渐渐远去……我知道紧张和压力也随之远去了。

过一会儿，不是现在，但不用多久，我将从想象中的楼梯顶往下走。当我往下走的时候，我会数出每一层台阶。我很可能已经知道……或预测到……每倒数一个数字，我会下一层台阶，我将感到更加放松……更加舒服。

每数一个数字，下一层台阶。数的数字越多……我便降得越低。我可能会发现台阶的数目比我原先想象得要多……我走得越远，便越感到放松和舒服。

我感到自己的脚好像要陷进地毯里了，也许陷得很深，感觉很柔软。我可能感觉自己需要栏杆的支撑……往下走的时候我用手扶着栏杆保持平衡……我知道自己每往下走一步都将更加放松……更加舒服。

我准备好要开始了。我的脑袋现在很清楚，我可以看见或感觉到那个楼梯，感觉到每层台阶……我准备好了。

我准备好了，现在开始……每下一层，我都能感到更加放松，更加舒服。

10……从楼梯上走下的第一步。我很惊喜地发现自己摆脱了不少紧张。就像任何一次旅途中迈出的第一步……第一步通常是很重要的……放松。

9……第二步，我能感觉到自己好像在舒适、晴朗的天气里散步。我走得越远，下的台阶越多，感觉就越舒服，离烦恼和担忧也越远。

8……在这个状态下，紧绷的感觉慢慢变得松懈，温暖和凉爽可以取代它们。能帮助到我的意象可能会有许多，河流……田野……高山……任何让我觉得愉悦和放松的场景。

7……我还可能会看见许多色彩。也许是楼梯或墙壁的颜色……或者是天空，是墙上图画的颜色。颜色可能包括灰色、深蓝……这种蓝色到底有多深，并不重要，我知道不同的颜色会带来不同的事物……不同的感受。灰色能带来一阵凉爽的风，吹遍我的全身。明亮的蓝色带给我阳光直射时的温暖。

6……我下到楼梯的一半了。我可能会看到其他颜色。我可能会看到绿色，就像室外的草坪。我可以在脑海中看到大红色、粉红色或黄色、金色、棕色，甚至是黑色或白色，这些颜色可以交织在一起……也可以混合起来或清晰地分开。像是从万花筒中看到的画面，或是日常生活中亲眼所见的情形，我发现自己正在回忆有关色彩的画面……让自己感到尽量的舒服，深度的放松……色彩缤纷的彩虹……帆船或小艇……油画……甚至是气球。越来越放松。

5……随着我继续往下走，我能感受到放松的感觉传遍了我的全身。如此的舒服，如此的安全，我知道自己可以享受这种体验，并且能再次回到这种状态。我知道我可以到自己向往的任何地方游玩。前往未来……或回到过去……或伴随着各种色彩或没有色彩。我能感觉到此时手指的感受……我可能会喜欢这种凉爽的、湿湿的感觉……或者是一丝刺痛，或一丝麻木。我可能会感觉嘴巴周围有些发麻，仿佛踏入凉爽的河流，这种感觉非常的自然。

4……感到越来越放松。

3……下到楼梯的一个新高度。我能感到身体的温暖，或者是凉爽。我整个人仿佛置身于一幅油画，或某个景点……身边的一切……都是我自己设计的。

2……快要到了。

1……我感到了更加深度的放松。我可以舒服地深吸一口气，感到比之前更加平静、更加放松。就好像是我已经到达了宁静平和的场景。或许，我可以在脑海中想象出一幅更加宁静平和的场景。

或许我将看见某些图形……圆形……三角形或正方形。我甚至可以为图形填色……也许它是我过去的形象，也许它是变幻的圆圈，也许我能看到它的明暗或形状发生细微的变化，也许没有变化，不管怎样，它一直都在那里……在这里……能够为我所用……可以帮我愈合……它只需要这样待着。

在脑海中，我可以看见我向自己暗示的改变。当我准备好要这样做时，我可以做几个舒服的深呼吸。也许我会感觉到身体变轻了，也有可能是变重了。也许我还能感觉到我的手和手臂……也许是左边……也许是右边，变得越来越轻，好像要飘起来了……就像一片树叶……很安全……在空中安安稳稳地待着……过了一会儿……吹来一阵风……很舒服……很安全……我整个人活跃并开放。

我可能会想象手臂上正系着气球。就像我小时候拥有的色彩绚丽的氢气球。气球使我的手臂感到越来越轻。我的手臂好像要浮起来了……就像氢气球一样。

让我看看，我能把气球想象得多生动。我能在脑海中将它们画出来。线条清晰，色彩绚丽，它们被系在我的手臂上，此刻正轻轻地拽着我的胳膊，想要飘走。我的手臂也飘起来了，甚至离开了双腿或椅子扶手。它们离开了一点还是很多，并不重要。我知道自己此刻的感受非常舒适，非常放松。

只要再过几分钟……我便知道自己可以做出改变……我想要的积极改变。我可以开始感受一直伴随着我的力量……开始在体内不断上升，又不断下降。

几分钟后，也许比我想象的时间更短，这段美妙的体验将让我感到很满足。我知道自己可以随时回到这种舒适和自控的状态。只要舒适的深呼吸……使用刚才看到的意象……或全部的意象……或只要部分的意象……我就可以看见楼梯，深呼吸……重新感受到这种放松。

我进行的每次深度放松练习，都将使我更轻松、更容易地重回这种状态。每次重新回到这种状态时，我能更加放松，更加舒服，增强自我控制。因为我享受这种舒适与自控的感觉，我将越来越容易获得这种感受。

如果我想进入睡眠和梦乡……这可能就是我的意图，我可以从 0 数到 20 或

30。在数的过程中，我将渐渐陷入沉睡。

或者我可以回到精神焕发、清醒警觉的状态，只要从0数到5。当我开始数时，每数一个数字，我都感到更清醒，更警觉。0……1……2……3……渐渐地，越来越警觉……4……5……当我眼睛睁开时，我完全清醒过来，神清气爽。

# 四、本森放松法

这一方法是一位心脏病学家赫伯特·本森在20世纪70年代提出的。当时，他的目的是为了帮助心脏病患者减少导致身体损害的应激，后来演变成一个广泛应用的放松方法。

练习这一放松方法时，首先应该找到一个让你心情平静和放松的目标——诱导物，用于训练过程。常用的诱导物有：能让你放松的声音或语句（如听大海的浪涛声，或默念"放松、放松……"）；或是优美的特殊的东西（也许是一幅你虚幻的画）；或是能让你平静的情景（如乡下某个幽静的地方，或海滨的沙滩）。

当你练习时，做到以下几点有助于你的放松效果：

（1）闭上眼睛以一个舒适的姿势坐着。想象你的身体逐渐变得发沉和放松。用鼻子吸气，并把注意力集中于你的吸气过程。呼气时，注意心理感受，且呼吸要自然、放松。

（2）不要担心自己能否掌握这一方法，按照自己的节奏让自己紧张和放松。练习时，会分散注意力的思维可能会进入你的脑海里，对此不必担忧，也不要沉溺于这些思维，只要继续注意你的心理感受和呼吸。

（3）练习持续的时间就是你能感到放松的时间。这一过程有的需要2分钟，有的需要20分钟，结束练习的判断标准是你感到了放松。当你完成练习后，闭上眼睛静静地坐一会儿，然后睁开双眼。起身时，动作不要太快、太猛烈。

## 五、静坐减压

梁启超先生说:"每日静坐一二小时,求其放心,常使清明在躬,气志如神,梦剧不乱,宠辱不惊。他日一切成就,皆基于此"。

静坐放松的方法:

找一个安静无人打扰的地方,保证自己感到很舒适。脊背挺直以减轻腰部承受力。

轻轻闭上眼睛,集中注意力。

身心放松,自然呼吸。首先要调整呼吸,吸气时,腹部鼓起来,想象肚子里充满了新鲜的空气;呼气时,小腹内缩。呼吸深长、舒缓。

用意念使全身放松。从头→肩膀→手臂→手→腰→大腿→小腿→脚趾头,一一放松,甚至每一寸肌肉都变得放松和舒展。

排除杂念,集中心念。想象自己心中充满阳光,慢慢放大,排除浊气,吸进新鲜空气;想象自己在小河边、在花丛中,享受阳光、空气、海浪的抚摸。想快乐的事,想幸福的事,脸上充满微笑。

最后,收尾,对生命和心灵表示感激。

中医学认为,"静者寿,躁者夭""静者藏神,躁者消亡"。美国卡巴金博士认为,"静坐练习,不是什么操练,而是一种生活方式"。

## 六、发呆减压法

据三九健康网报道:

生活中,我们都会有这样的经历:开会的时候,聊天的时候,自己会有一段时间愣神，耳朵明明听着别人讲话，脑子却一片空白，什么也没听见。这是在发呆。上海心理学会理事冯永熙表示，发呆是正常人的一种心理调节，偶尔发呆无伤大雅，还有利于健康。

冯教授解释说，发呆是一种专注的无意识。它可以帮助人们减轻疲劳，对大脑来说，是很好的休息。处在这种状态下的人们会突然不愿意思考，使自己停滞在一个安静的氛围里，忘记一切。会发呆的人，觉得发呆是一种享受，因为发呆的时候可以放开所有，不再有烦恼和忧愁，整个空间都属于自己。因此，在发呆的时候，人是轻松、快乐的。

冯教授说，发呆能创造纯净的自我空间，安静的冥想可以促进血液循环，为组织器官输送大量的氧气和营养，对于减少焦虑有着明显的作用。

发呆已成了一种时髦。

据了解，在某些年轻人中间，"发呆"成了一种时尚，特别是一些处在紧张工作节奏下的白领，很喜欢到某个风景秀丽的地方发呆。在上海某网络公司担任主管的江先生每年都会躲到一个地方发呆。他说自己经常会跑到海边的一个度假村，关掉手机，和外界断绝联系。每个清晨和黄昏，他就这么一个人坐在海边，对着大海发呆，似乎什么都在想，又似乎什么都没想，茫然地任大脑处于"意识流"状态。他很享受这样的时光，似乎能扫除所有的烦恼。几天之后，他就会收拾心情，以全新的状态重新投入到工作中。

冯教授告诉记者，像江先生这样的状态属于有意识的发呆，即迫使自己活在自己编织的世界里，跟外界快节奏的生活隔绝，进行自我放松。找个安静的地方，呆坐一下午，或者跑到一个遥远的地方，对着美丽的风景冥想，都是减压的好办法，能让心情愉快很多。

# 七、静默疗法

超觉静默起源于古印度哲学瑜伽（yoga）学派。瑜伽术也有许多门派，超觉静默是以心理锻炼为中心的心理自控疗法，其要点是端正姿势，调控呼吸，闭目安神，内视自己，控制感觉，把意识集中于一点，逐渐进入万念皆空的境界。全套超觉静默法分三个连续进行的阶段，即静坐、调整呼吸和默念"真言"。

第一步是调整姿势，其基本姿势是静坐。传统的静坐方式是"结跏趺坐"，但此种方式较难掌握。现在可以采用"稳坐"姿势，即盘腿而坐，此种静坐也被用来强身治病。首先使左腿弯曲，脚尖的一半插入右大腿的下边，然后再使右腿弯曲，插入左腿腿肚下边。为了保持上身正直，可以坐在一个厚坐垫上。双目轻闭，下颌稍微内收，面向正前方，两肩自然下垂，两手掌轻轻放在大腿的中央位置，手指并拢，手腕放松。

第二步是调整呼吸，即所谓"调息"。根据呼吸系统功能接受"随意神经"和"自主神经"双重支配的特点，调息可以通过"自主神经"，调整内脏器官和大脑。开始是自然呼吸（胸式呼吸），慢慢练深呼吸（腹式呼吸）。先尽量慢慢鼓肚子，深深地吸一大口气，接着再慢慢地瘪肚子，把气缓慢地吐出来，如此反复练习。经长期锻炼后，呼吸次数可以逐渐减少。刚开始1分钟十几次，以后减到7～8次，最少的可以减到5～6次。调息要慢慢练习，不要急于求成。坚持锻炼，功到自然成。为了排除杂念，集中精神，可以应用"数息法"，即默数呼吸次数。练习腹式呼吸，同时数息，心身结合，效果最好，可以达到万念俱空，大脑像晴空一样清澈明快。

第三步默念具有真理性的"真言"，这是最后一个步骤。默念真言时，要继续原来平缓的腹式呼吸，但自动停止数息。这时的腹式呼吸比数息时稍浅、稍轻。默念真言时，双手抬起，在体前正中央处搭在一起，右手在下，左手在上，拇指抬高，右手拇指指甲顶在左手拇指指肚上部。佛教徒在作超觉静默时，采用的真言是"南无妙法莲华经"。我们的目的在于运用超觉静默强身治病，应当选择有益于心身健康的真言，如采用《黄帝内经·素问》中"志意和，则精神专注，魂魄不散，五脏不受邪矣"和"精神内守，病安从来"真言；或者采用当代人们更易理解的真言："放松，入静可以防治疾病。"原则是，选择的真言应是真实的代表人们的愿望、信念和经过努力能够促使其成功的座右铭。

生理学研究指出，超觉静默的过程和身体积累压抑的过程恰恰相反，压抑导致心率增高,呼吸加快,血压升高和精神激动;超觉静默则降低心率,减慢呼吸,降低血压,导致全身松弛。在超觉静坐的过程中,氧气的消耗量迅速降低,故可大大减少入睡时间,使失眠彻底消除。此外,超觉静默对于各种心身疾病,如高血压、冠心病、溃疡病等的治疗也有明显的效果。

# 八、专注能力练习

  注意是伴随心理活动对一定对象的指向与集中,对心理活动起着选择、定向、调节、监督、保持与维持的作用。专注是指将心理活动有意识地指向和集中于一定的目标,这样的练习可以提高练习者集中注意力的能力和延长注意力的稳定性。良好的注意力能够促使人们加强对自我心理活动的调节能力,缓解过大的心理压力,排除内外因素的干扰。同时,专注是一种自我觉察方式,是活在当下的途径,是对生活的承诺。现代心理学研究发现,专注可以帮助人们缓解压力,促进免疫系统,减少慢性疼痛,降低血压,还可以帮助病人应对癌症。每天花几分钟主动地专注于当下的生命体验,可以缓解压力进而减少心脏病的风险。

  一般而言,有意识地集中注意力需要身体和心理能量的支持,所以注意力集中的练习应当在身体和情绪状态较好的情况下进行,并且依照自己的注意力调整练习的时间和频率,练习完后要注意休息。

  下面,如果你愿意就请选择一个安全、温暖、舒适而又安静的环境,关掉你的手机,去掉身上的饰品、眼镜和手表等物品,换上一件宽松的衣服,开始提高专注能力的练习。

**1. 视觉集中法**

  利用视觉注视某个目标,是很高效的帮助练习者提高专注力的方法。

  (1)为自己的练习找一个静止的注视点,可以是房间里的装饰物,也可以是墙上的某处圆点。但注意不要使用电灯等发光的物品,以免长时间的注视后伤害眼睛。注视点的高度要以你坐下以后便于平视为宜,距离你 2～5 米为佳,方向一定要便于你练习直视。

(2)在恰当的距离选一个舒适的位置坐好,缓缓地挺直你的脊背,头部轻轻地抬起,眼睛向前方平视,选好你的注视点。

(3)调整一下你的呼吸,然后凝视你的注视点三十秒至一分钟,可以自由地眨动眼睛。

(4)闭上双眼,在头脑中回忆你的注视物三十秒至一分钟。

(5)再次睁开眼睛,更加仔细地凝视你的注视物,请注意它的形状、颜色、质地和光泽。

(6)一段时间后,再次闭上眼睛,更加详细地回忆你的注视物,注意回忆它的形状、颜色、质地和光泽。

(7)就这样,再缓缓地呼吸,反复地练习。

(8)随着练习次数的增加,你可以逐渐延长凝视和回忆的时间,可以由最初的一分钟延长至三分钟,注意力集中的能力会逐渐提高。

经过注视固定物品的练习后,你也可以使用同样的方法来做注视钟表的秒针等移动注视点的练习,以提高注意力的稳定性。经过一段时间的练习后,大家就可以很容易地在睁着眼睛的状态下,快速地进入放松舒服的催眠状态中。

### 2. 听觉集中法

这是利用听觉"守住"某个声音,练习和提高专注力的方法,按照这个方法练习可以逐渐提高自己的专注能力。

(1)为自己的练习准备一个节拍器、钟表或者普通的音响设备。

(2)将节拍器、钟表放在距离自己较远的位置,或者把音响设备的声音尽量调小,以自己能够勉强听到为宜。

(3)在练习中注意调整声音的音量,如果听不到,可以将声音稍稍调大,直到勉强能够听到为止。

(4)选择一个舒服的位子坐好,慢慢闭上眼睛,去静听这些微弱的声音。

（5）在静听中慢慢调整自己的呼吸，这样有助于你更加清晰地听到这些声音。

（6）每次练习的时候为自己规定一个时间，然后逐步延长练习的时间，可以由最初的几分钟，延长到十几分钟。

### 3. 呼吸集中法

我们可以利用意识对呼吸动作的调节作用，将大脑和身体的活动有机联系起来，练习和提高专注力。

（1）找一个舒服的姿势坐下来或者躺下来。

（2）按照腹式深呼吸的方法做几个深呼吸，呼吸时要做到深、长、细、匀。

（3）按照自己喜欢的速度，进行正常速度的腹式呼吸，嘴巴微微地张开，要鼻呼鼻吸。

（4）在呼吸时把注意力集中在鼻孔和上嘴唇之间的位置，体验进气和出气时气流经过那里时的感觉。

（5）细细地体验气流的大小，气流的温度，气流经过那里时舒服的感觉。

（6）就这样慢慢闭上眼睛，把注意力集中在鼻孔和上嘴唇之间的位置，体验进气和出气时气流经过那里时的感觉。

随着注意力的集中，你的感觉会越来越明显，呼吸会越来越均匀。有的朋友可能会在这个练习中睡着，但是不要紧，休息好之后你自然会醒来，每天做十几分钟这样的练习会使你得到更加充分的休息，压力也随之减轻了，整个人就会感到非常轻松。

# 九、按摩

做按摩是很好的放松方法。

按摩有助于减轻肌肉的紧张，加速体内的代谢，可以减缓压力，放松焦虑的心情，减慢心跳的速度，并给你一种舒适和放松的感觉。

说到按摩，我们会自然联想起 SPA 这个时髦玩意。巴厘岛或欧洲的 SPA 最正宗，现在国内也有 SPA 了。走进 SPA 的理疗间，闻着芳香精油散发的味道，先来一杯热饮，让身体温暖起来，把老化的皮肤角质交给牛奶、燕麦和海盐，在宽大的按摩浴缸中放松每一根神经，把压力和污垢一并赶出体外，是一种不错的减压方式，根据年龄、肤质和体质量身定做一套适合自己的 SPA，每周 2 个小时，就能有成效。

一个好的按摩师不会与你说话，但却能让你身心得到完全的放松。

如果感到 SPA 太贵，也可自我按摩。

**1. 按摩前额**

（1）坐在一张舒适的椅子上。

（2）背部不要紧靠椅背。

（3）将双手的指尖放在两眉上，使用适当的力气将指尖向两边滑过，直到太阳穴为止。

（4）缓慢地按揉这个区域。

（5）将指尖向回运动，重复以上动作。

（6）将你的手掌成杯状罩在眼镜上方，轻轻按揉。

**2. 按摩颈部和肩部**

（1）坐在一张舒适的椅子上。

（2）背部不要紧靠椅背。

（3）将右手放在左肩上，按摩颈部和肩部紧张的肌肉。

（4）重复几次后，以同样的方式按摩右肩。

（5）将右手放在左肩的顶部，以很小的半径画圆。

（6）在做以上动作时，指尖放在肩后，从脊柱到上臂顶端按摩后肩。重复几次后，以相同的方式按摩右肩。

### 3. 按摩印堂穴、神庭穴

印堂穴在两眉连线的正中间。按摩时将中指放在印堂穴上，用较强的力点按 10 次。然后再顺时针揉动 20～30 圈，逆时针揉动 20～30 圈即可。

神庭穴在印堂穴上面，发际正中直上半寸左右，按揉方法与印堂穴相同。

按压这两个穴位对消除头痛头昏，恢复大脑的活力有奇功异效。同时按摩，互相补益，则效果更佳。

### 4. 双手梳头

用自己的双手指头来梳头。双手梳头可使气血流畅，头发光润乌黑，所谓"手过梳头，头不白"。用手指梳头，即以两手十指自额部前发际开始，由前向后梳到后发际，动作以缓慢柔和为佳，边梳边揉擦头皮更好，次数不限，时间约为 10 分钟。会有一种头脑清新，耳聪目明的感觉。

在家按摩时，若有点轻音乐就更好了。

# 十、芳香精油疗法

芳香减压的原理与大脑边缘系统有关。芳香放松剂有助于平缓压力，产生低频脑波，让心情平静放松，抵抗沮丧。玫瑰解忧、黄春菊缓解紧张情绪、薄荷油镇静神经、薰衣草平衡情感、香柠檬有助于消解焦虑、红木缓解压力、柑橘有温和镇静作用。

缓解精神压力的芳香疗法：

（1）檀香 2 滴＋玫瑰 2 滴＋橘子 6 滴，可使人镇定、放松，减少生活的窒息感。

（2）薰衣草 2 滴＋花梨木 2 滴＋快乐鼠尾草 1 滴，抛却烦恼，让身心彻底放松。

（3）洋甘菊 10 滴＋天竺葵 10 滴＋薰衣草 10 滴＋向日葵油 30 毫升。直接闻嗅或外出时利用手帕吸嗅。

提示：居室以薰香方式放松身心；在办公室可用玻璃杯吸入蒸气。与此同时，如能用温热的湿毛巾覆盖于胸口，更有利于消除胸中郁闷。

消除疲劳的芳香疗法：

（1）葡萄柚3滴+雪松1滴+迷迭香1滴，或茉莉1滴+柠檬6滴+鼠尾草3滴，可提振精神，促进脑部活力。

（2）迷迭香1滴+薰衣草1滴+洋甘菊1滴，这是消除疲劳简易可行的精油配方。

（3）杜松子3滴+鼠尾草3滴，或柠檬3滴+鼠尾草2滴，可调整身心，有助于迅速消除疲劳。

提示：滴在手帕上或制成小瓶随身携带，以便工作时使用，临睡前不宜使用。早上起床后或晚上需加班时用比较合适。用以上精油做局部按摩，可促进血液循环、增进活力。

# 十一、宣泄减压

在小说《罗宾汉》中，主人公罗宾汉告诫年轻的随从："把你的烦恼统统讲出来。讲了，心情就舒畅了。就像水漫堤坝就需要开闸放水一样。"这位民间传奇人物话语中蕴含着深刻的生活哲理。吐出心中的苦闷烦恼也是一剂良药。南卫理公会大学的心理学家詹姆斯·彭尼贝克对罗宾汉的忠告作了科学的论证。在一系列试验中，彭尼贝克让受试者表达出最使他们苦恼的情感，从而取得了良好的治疗效果。

宣泄，意指一个具有侵犯性倾向或情感的人，如表现出若干攻击性活动（包括想象中或替代中的），其侵犯性倾向和情感强度就会减弱。宣泄一词最先由古希腊大哲学家亚里士多德提出。他在讨论悲剧的作用时认为，悲剧可以宣泄人们内心的情绪和净化人们的心灵。弗洛伊德首次将宣泄的概念引入心理学，指出每个人都有一个本能的侵犯能量储存器，在储存器里，侵犯能量的总量是固定的，它总是要通过某种方式表现出来，从而使个人内部的侵犯性驱力减弱。

宣泄可以分为直接宣泄与间接宣泄两种。直接宣泄即指直接针对引发不良情绪的刺激（人或物）发起攻击，表达情绪。间接宣泄则是当直接攻击行为不恰当甚至不合法的时候，通过其他各种间接的方式，把自己的情绪表达出来。

这里介绍几种宣泄方式，职场人士早晚都会用得上。

### 1. 哭

在我们的日常生活中，当某人因某事而悲伤、痛苦之时，每每会有痛哭流涕的表现。而他周围的人，都一个劲儿地劝他（她）不要哭。当他（她）不哭了，大家都以为平安无事了，一切都好了。

错！错！错！

哭对于忧伤的人、痛苦的人、身负巨大压力的人，有益无害。在亲朋好友面前大哭一场，并尽情倾诉心头的委屈与痛苦，是一个非常好的心理释放过程。这是因为，哭作为一种纯真的情感爆发，是人的一种保护性反应，是释放体内积聚的神经能量、排出体内毒素、调整机体平衡的一种方式。1957年，美国化学家布鲁纳率先发现，动感情的眼泪与因洋葱刺激而流出的眼泪，其化学成分有较大区别，后者的眼泪中所含的蛋白质比前者要少得多。美国生物学家福雷也发现，一个人在悲痛时所流出的眼泪与伤风感冒或风沙入眼流出的眼泪，所含的化学成分也不同。他指出，一个人在正常哭泣时，流出的眼泪只有100～200微升，即使是一场号啕大哭，也只有1～2毫升。但在这些逐渐流出的眼泪中，含有一些能引起高血压、心率加剧和消化不良的生化物质。通过哭泣把这些物质排出体外，对身体当然是有利的。他甚至认为，男性胃溃疡患者之所以高于女性，可能是男性受传统的"男儿有泪不轻弹"的社会心理影响，强制自己不哭造成的。

医学心理学认为：哭能缓解压力。有这样一个实验：心理学家给一批成年人量血压，然后按正常血压与高血压分为两组，分别询问他们是否哭泣过？结果87%的血压正常者陈述有过哭泣的行为，而那些高血压患者大多数都说他们没有哭泣或极少哭泣。

我们不可能也没必要像演员那样硬挤眼泪，但在承受巨大压力的时候，在适当的时间、适当的地点、适当的人面前，痛痛快快地哭一场，没什么不好，也没什么不可以。

### 2. 去发泄室

商品社会最大的好处，就是你有什么需要，社会就会对你提供什么样的服务。听说过"发泄室"或"出气吧"吗？

在那里，可以把想打的人痛打一顿，把想骂的人痛骂一番。（西方和日本的大企业，提供这种场所。）

在法国出现了一种新兴的消费场所——运动消气中心。中心有专业教练指导，教人如何大喊大叫、扭毛巾、打枕头、捶沙发等，做一种运动量很大的"减压消气操"，在这个中心里，上下左右都布满了海绵，任人摸爬滚打，纵横驰骋。

美国有一个专为白领人士服务的网站曾建议白领可随身携带一个小皮球，郁闷的时候、要发火的时候，就狠狠地捏它一下。

### 3. 替代性发泄

去看拳击比赛、散打比赛、足球比赛；去看暴力片、恐怖片。英国专家建议：人们感到工作有压力，是源于他们对工作有责任感。此时他们需要的是鼓励，是打起精神。所以，与其通过放松来克服压力，不如激励自己去面对充满巨大压力的情境。

### 4. 把压力、烦恼写出来

我们都知道压力大了就需要来发泄一下，但是如果拿身边的人来撒气，会让无辜的人受到伤害，那么最好的办法就是向纸张来倾诉。纽约州立大学最近的一项研究发现，人们只要将自己的不快在纸上书写20分钟，就可以减少很多的压力。来吧，用笔和纸来宣泄出你所有的不愉快和不满吧。

把压力、烦恼写出来，哪怕有点夸张——"为赋新词强说愁"。

美国心理学家曾做过一个有趣的实验：他们让一组被试写出自己的压力与

烦恼，另一组被试则写日常生活中的一些普通话题，每 4 天一个周期，持续 6 周。结果发现，前一组被试的行为表现更为积极，心态也更为平和。

在另一项实验中，心理学家让被试表达出最使他们苦恼的情感，同时也取得了良好的效果。在实验中，被试连续 5 天，每天都用大约 15 分钟的时间写下自己"一生中最痛苦的经历"，或"当时最令人心烦意乱的事情"。这种自我表白的方法效果奇佳，被试的情绪得到了很好的调整；因病缺勤的天数大大减少；免疫功能也有所增加。受试者的免疫力增强了，随后半年里去看病的次数大大减少，因病缺勤的天数也减少了，甚至肝功能也得到了改善。此外，受试者对其痛苦情绪越是无保留地表白，其免疫功能的改善程度就越大。研究发现，发泄愁闷情绪的最佳方式是：先把悲伤、焦虑、生气等情绪统统表达出来，接着，再花几天时间把它们写在纸上，最后，从心灵的痛苦中找出某些有意义的东西。

还有一种更为直接的方法就是记压力日记、写博客，或者使用当下最流行的微博，把引发你压力的事件记录下来，再作理性分析，然后找出相应的对策。同时也可以将自己的烦心事与朋友分享，寻求安慰。

在生活中，有时感到头脑里乱成一团糟，烦心的事"剪不断，理还乱"。你可以把压力罗列出来，"一、二、三、四"排列出来，然后，你可能会惊奇地发现，有些压力根本算不上什么，而有些压力只要各个击破，则可一一化解。

### 5. 射飞镖

把今天令你受委屈的人的相片拿出来放大，做成圆形的飞盘，眼睛十分，鼻子七分，嘴巴五分，头发一分，射射看，你能得几分？或者更简单一些，把他的名字或手机号码，只要是能象征那个令你受气的人就行，写在纸上，开始射射看吧，不必遵守射飞镖的规则，你想离多近就多近，那会增加你的命中率。

不必看得太重，你只是在玩玩而以，没有人会把你当作神经病的，有必要的话，邀请你的同事、朋友一起参加，射中了，你会产生一种怒气全消的舒服感。

我们要宣泄，也要适度。这里再来谈谈适度的问题。

其一，"适度"是指反应强度与刺激强度相匹配。举个小例子，如果你的领导为工作的事批评了你几句，你立刻就号啕大哭，这就属于反应过度了，也就是反应强度与刺激强度不相匹配了。

其二,"适度"还指宣泄要在合适的时间、合适的地点、合适的环境中进行。如果你在客户那里受了委屈,你可不能当着客户的面就发作、宣泄,因为客户是上帝!如果你参加朋友的婚宴,菜不好吃,或者有卫生问题,你也不能当众就骂起来,因为那会使你的朋友尴尬甚至愤怒。

生活就是一种矛盾,你不宣泄对不起自己;你宣泄不当又得罪了别人。在这二者之间寻求一个平衡点,那就是人生的艺术!

# 十二、积极的自我暗示

在1976年夏季奥运会上,有那么一分钟,无数人都屏住呼吸在电视屏幕前观看举重比赛。瓦西里·阿列克赛耶夫正在弯腰去举任何人从未举过的重量。当阿列克赛耶夫成功地站起来,胳膊伸直,把那千钧重量高举在头上时,人们才在雷鸣般的欢呼声中舒了一口气。在举重界,500磅的重量一直被认为是人类不可逾越的界限。阿列克赛耶夫以及其他人以前都举过离这个界限相差无几的重量,但从未超过它。有一次,教练告诉他,将要举的重量是一个新的世界纪录:499.5磅。他举了起来,教练称了重量,并指给他看,实际上他举起了501.5磅。几年以后,阿列克赛耶夫在奥运会上举起了564磅。

从这一实例可以看到,阿列克赛耶夫先前在心目中有一个消极的自我暗示——500磅的重量是不可逾越的。教练用"欺骗"的手法打破了他这种消极自我暗示。紧接着又予以积极的肯定暗示,故而取得了成功。由此可知,暗示的力量可以挖掘出人类非凡的体力潜能。

在瑞士的洛萨尼,一位年轻的姑娘在屋子里,看着各种颜色的光线在墙上飞舞。她做了个滑稽的动作,向前伸出自己的手臂,同时向各个方向转动自己的脑袋。她想象着一股清爽的微风正在吹拂着她的面颊,感到自己完全放松了。从屋里小电视荧光屏上传来医生悦耳的声音,她也跟着他重复那些肯定的句子:

"身体放松改善了我的滑雪竞技状态。我更具有挑战能力了。我对自己的滑雪技术充满了信心。一开始就能集中精力,完全不害怕人群、电视镜头、计时器或事故。"

这是用一种名之为"协调意识学"的训练方法,可以使运动员调节自身的状态。它是通过放松与呼吸训练使人入境,再经由想象和肯定暗示来调整心态。说到底,还是一种自我暗示。

藤本上雄先生所著的《催眠术》一书中还记载了这么一件趣事:他的一个同学,有一年开车去瑞士旅行,车行至山中时感到口渴难耐,就在路边秀丽而清澈见底的湖中用手捧水喝。喝完水后,突然看到告示牌上用法语写着什么。他不懂法语,但看到上面写的词中有一个词为 poisson,与英文中的词 poison(毒)很相似,他就以为这个告示牌上一定是写着"此湖水有毒,不能饮用"的字样。于是心情骤然变坏,整个人都觉得不对劲,头晕眼花,脸色苍白,直冒冷汗,呕吐不已。好不容易来到了附近的一家旅馆,他立即恳求旅馆老板去请医生,并向他叙述了喝过附近湖水的事。老板听了这番话,哈哈大笑起来,说那是不准捕鱼的告示,法文中的 Poisson 一词是"鱼",比英语的"毒"(Poison)一词多一个 s。听完老板的说明,他的病马上就好了。

多对自己说一些"我能!""我行!""我能直面压力、应对压力!"你的压力感就会小,你的抗压能力就能提高。

# 十三、阅读减压

读书不仅可以增长知识,还有益身心健康,帮助缓解压力。当压力增大、精神感到紧张的时候,适时读一些好书,就会使自己超越现时处境,进入到书中的世界。心理上的压力被解脱了,心情也就得到了放松,从而达到一种心理上的平衡。近年来,"读书疗法"在国外被广泛运用。如德国、英国的不少医院都设置了"患者图书室",鼓励病人阅读,使不少慢性病,尤其是神经系统及心理疾病的患者，因为阅读而加快恢复，甚至有人很快就康复了。意大利则成立了"诗药有限公司"，出版具有不同主治功能的诗集，供病人对症选读。

阅读调节情感。英国哲学家培根说："读书使人明智，读诗使人灵秀。"晋朝大诗人陶渊明曾说，他读书时，"每有会意，便欣然忘食"。苏联作家高尔基则说："书，它会使你的生活轻松；它会友爱地帮助你了解纷繁复杂的思想、情感和事件；它会教导你尊重别人和自己；它以热爱世界、热爱人类的情感来鼓舞智慧和心灵。"所有这些表明，读书具有调节情感，解除烦恼、抑郁的功能，可使思想得到陶冶，智慧得以开掘；可使心灵得到净化，排除各种私心杂念，使你的胸襟更加开阔。

阅读可以帮助人们减少孤单与寂寞，能使人们平静、放松、消除压力甚至暂时忘记生活中的困扰。2009年，英国苏塞克斯大学的研究者发现，每天阅读6分钟，减压的水平比听音乐或者散步的效果高出2/3以上。科学家分析认为，这是因为阅读需要精神集中，这可以放松紧张的肌肉，降低心率。

好的书籍、文章、诗歌，宛如能对你进行心理疏导的医生和拥有高尚情操的导师，可防止空虚，助人消除烦闷，解开忧郁，忘却痛苦。读书疗法作为治病的一种手法或辅助疗法，几乎对各种慢性病、心理疾病患者，都有一定的解闷、排忧、疏导、怡情功能。科学家证明，读优美典雅的诗篇，有利于胃溃疡的愈合；读笑话、喜剧和小品之类的书，有利于神经衰弱的医治；读情节曲折、引人入胜的古典名著，可治心烦意乱；读故事生动、幽默风趣的小说，可治精神抑郁等。

阅读最好是大声朗读出来。在大声朗读时，副交感神经会加强工作，大脑得到放松，心情也就爽快了。朗读可以降低血压。据专家测定，高血压病人在朗读时可以使血压降低，并且朗读20分钟可以使全身增加10%的热量消耗，持之以恒可以有减肥功效。朗诵犹如"健身体操"，可使大脑皮层的抑制和兴奋过程达到相对平衡，使血流量及神经功能的调节处于良好状态；朗诵犹如唱歌，能增加肺活量，使全身通畅，有怡情养性的独特作用。

朗读时的腹式呼吸对身心也大有裨益。朗读会引起胸腹之间的横膈肌上下大幅运动，从而促使肺吐纳更多的空气，这就是腹式呼吸。而平时人们多采用胸式呼吸，这是一种浅表的呼吸方式，横膈肌运动幅度很小，难免有空气残留肺中不能充分排出。朗读时，尤其是遇到长句子，肺会彻底排空，转入下一次吸气动作时就可以吸入更多的新鲜空气。横膈肌动作加大还会向大脑传递放松的信号。接收到这一信号以后，大脑会向肌肉、血管发出缓解紧张的指令，血压就会下降。

## 十四、音乐减压

欣赏音乐，不仅体现一种修养，满足一种情趣，而且还具有减压功能。

音乐具有心理治疗与物理治疗两种功能。节奏感强，音调激越高昂的乐曲，可增强信心，振奋精神。节奏舒缓、单调和谐的乐曲，可使呼吸平稳、心跳规律、血压下降，有助于调整神经系统的功能，起到镇静安神的作用。

当然，也不是所有的音乐都具有减压的作用。英国科学家发表的一项研究报告显示，速度舒缓的音乐能够对紧张的情绪起到放松的作用。测试证明，慢节奏、比较安静的音乐可以使人的呼吸器官放慢进气和呼气速度。当人的呼吸速度变慢时，人的血压通常也会下降，而且对肺部也十分有益。在这项研究中，研究人员邀请了12位音乐人和12位未受过专业音乐教育的一般人参加生理反应实验。研究人员选用了不同风格和节奏的音乐，其中包括节奏十分舒缓的印度古典乐曲、节奏舒缓的贝多芬第九交响曲、节奏较快的维瓦尔第的古典音乐、电子合成音乐和安东·韦贝尔节奏缓慢但变化较多的音乐。研究人员要求每个受试者第一次试听时按不同顺序将所选的音乐片段听两分钟，然后每隔两分钟，再听四分钟同样的音乐。测试结果显示，节奏较快且旋律结构比较简单的音乐会加快人的呼吸速度，并使血压上升，心跳加快。当音乐停止后，心跳、血压以及呼吸速度都会开始下降，有时甚至会降到比原起点还要低。而舒缓的音乐能够使心跳速度变慢。其中，印度古典乐曲让心跳速度变慢的效果最明显。研究人员还表示，压力和紧张的情绪都会对人的心血管系统产生负面影响，而音乐不仅能够减轻人的紧张情绪，同时也能增加心血管疾病的治疗效果。此外，音乐还能帮助神经系统受损的患者在康复治疗过程中改善其运动功能。

目前，国内市场上已有专门的音乐减压光盘出售，不妨买两盘回来听听。对于那些需要减缓压力而又喜爱音乐的人士来说，使用音乐减压的方法可能更为合适。

用音乐减压与一般的听音乐还是有区别的。有些技术细节需要注意。

首先，选择好自己喜欢的音乐，选择一个相对安静的环境，把音乐播放器放在自己随手就可以摸到开关的地方。然后，尽可能进入到放松状态（用躺姿或坐姿均可，只要感觉到身体舒适即可，可参考前面所说的放松方法）。这时，开始播放音乐（节选的音乐以自己喜欢的音乐为主），闭上眼睛。当自己全身放松后，根据音乐的描述的意境想象自己躺在金色的沙滩上，和煦的阳光照在你身上，不远处就是辽阔的大海，你的心情舒畅极了。还可以想象自己坐在湖边的大树下，湖水清澈……你也可以想象看见小鱼在水中游动，树上有小鸟在唱歌，一阵清凉的风吹过，你感觉到特别宁静和安详等。

当音乐结束时，不要急于把眼睛睁开，先想象一下自己所处的环境，自己躺的（或坐的）地方，慢慢地回到现实中来，然后，再慢慢睁开眼睛，活动一下手脚，结束音乐减压活动。

## 放松音乐推荐

1. 班德瑞的轻音乐

《森林中的一夜》、《童年》、《安妮的仙境》、《追梦人》、《春野》、《初雪》、《海王星》、《迷雾森林》、《森林之月》、《下雪》、《静静的雪》、《安迪姆斯》、《紫蝴蝶》、《日本女孩》、《马可·波罗》、《安妮的歌》、《日光》、《普罗旺斯》、《巴格达的星星》、《满天星》、《黑风车》、《永恒之戒》等。

2. 钢琴王子理查德·克莱德曼的轻音乐

《蓝色的爱》、《梦中的婚礼》、《秋日的私语》、《少女的祈祷》、《野花》、《记忆》、《海边的祈祷》、《星空》、《秘密花园》、《给母亲的信》、《威尼斯的旅行》、《爱的纪念》、《爱之梦》、《绿袖子》、《德朗的微笑》、《柔如虹彩》、《海边的星空》、《思乡曲》、《冷藏的爱》、《异国情》、《梦里的故事》、《天鹅湖》等。

3. 环保音乐家马修·连恩的轻音乐

《布烈瑟浓》、《海角乐园》、《飞鼠溪》、《栖兰山雨》、《独角兽》、《归乡之翼》、《宁静的安息》、《蓝光》、《北极心》、《大地之母》、《万马奔腾》、《北极心》、《归乡之路》、《哭泣的雪特莱》、《吾爱》、《福尔摩莎》、《力气与悲伤》等。

4. "神思者"的轻音乐

《热浪》、《海神》、《阿普洛迪》、《南十字星》、《闪亮的季节》、《西吉拉女郎》、《悲情城市》、《故宫的回忆》、《故宫的日暮》、《再见,故宫》、《君临天下》、《两千年之恋》、《坚强的灵魂》、《卡杰罗》、《月之石》、《地之水》、《有你在的风景》、《航向丝路》等。

5. 喜多郎的轻音乐

《大蛇》、《宋家王朝》、《孙文与庆龄》、《恋慕》、《回到越南》、《空海之旅》、《亚细亚》、《响宴》、《超越时空》、《天山》、《长城》、《丝绸之路》、《大地的天职》、《地平线》、《家长指引》、《创造》、《黑水城的幻想》、《黎明》、《曼陀罗》、《天空》、《振奋》、《光环》、《遥远的心之旅》、《天空》、《钟楼》、《千年女王》、《敦煌的随想》、《宋家三姐妹》、《菩提树》、《大银河》、《宇宙诗》等。

6. 川井郁子的轻音乐

《圣战经》、《南国遐思》、《红色小提琴》、《激情》、《蓝月》、《永恒》、《红色狂想曲》、《夏日风暴》、《绿色思想病》、《小提琴的冥想》、《蓝色乡愁》等。

7. 贾鹏芳的轻音乐

《二泉映月》、《竹田摇篮曲》、《岛歌》、《睡莲》、《浪漫武藏》、《光舞》、《天狼星》、《博大的爱和理想》、《冬舞》、《人生的天空》、《远雷》、《上路》、《山雪》等。

8. 久石让的轻音乐

《夏天》、《天空之城(从天而降的少女)》、《幽灵公主》、《菊次郎的夏天》、《千与千寻》、《少年的黄昏》、《夏天的路》等。

9. 莎拉·布莱曼的轻音乐

《告别的时刻》、《寂静之声》、《斯卡博罗集市》、《月亮河》、《雪绒花》、《毕业生》等。

10. "女子十二乐坊"的轻音乐

《流云》、《敦煌》、《辉煌》、《大峡谷》、《自由》、《奇迹》、《紫禁城》、《世界上唯一的花》、《梦里水乡》、《如川流的河水般》、《蝴蝶》、《胜利》、《东方动力》、《刘三姐》、《赛马》等。

11. 其他轻音乐

《天佑女王》(英国国歌)、《对！我们热爱祖国》(挪威国歌)、《优雅》(苏格兰风笛)、《黑眼睛的哥萨克姑娘》(苏联民歌)、《校园的早晨》(根据歌曲改编而成)、《德意志之歌》(根据德意志联邦共和国国歌改编而成的轻音乐)、《樱花》(日本名曲)、《友谊地久天长》(苏格兰名曲)、《雨中的恋人》等。

# 十五、唱歌

英国歌唱演员赫恰普菲尔女士在熙熙攘攘的伦敦金融区专门为都市"倦鸟"开办了"唱歌减压培训班"。她说："这里的白领职员显然充满了紧张和焦躁情绪，当我上门发放培训班的宣传材料时，他们虽然在和我交谈，但却几乎没有眼神的交流。"赫恰普菲尔把这一切归结为竞争过于激烈，每个人都神经绷紧，想在工作中表现出色。

赫恰普菲尔认为，歌唱需要调动身体和精神的共同投入，因此整个人都能得到放松。"正确的发声方法需要调动身体上的大部分韧带，甚至你的手腕放在哪里，都会影响到声音效果。"她不但教学员练习唱歌，还带来了专业演员上台前那一套放松紧张情绪的方法，比如做瑜伽、进行呼吸调整等。她要求学员把自己的身体想象成一个空心的管子，空气从中慢慢流过。她说："我想用这种方式使忙碌工作的人们为身体'充电'，为自己减压。"

"预热"活动结束后，赫恰普菲尔让学员玩传球游戏，球停到谁的手里，谁就唱一首歌。培训班的学员朱莉说："这就像是音乐情景对话，非常有趣，能让你忘记一切烦恼。"施密德小姐说:"来这里学习前,我是一个彻头彻尾的音乐'菜鸟',但在她的鼓励下,我发现自己居然达到了以前从来没敢想象的音域。"她称赞赫恰普菲尔的热情非常具有感染力,能够营造出一种轻松的氛围,让大家不再害怕在陌生人面前大声歌唱。"当我几个月前第一次在班级里演唱时,大概所有人都吓坏了。但现在朋友们惊讶地发现,我不但歌唱得越来越好,性格也开朗多了。我推荐同事们都来试试,只要你喜欢音乐,哪怕你从来不觉得自己可以唱歌,也没关系。"

# 十六、《江南 style》

在紧张的劳动之余,找几个朋友或者自己在家,安排适当的时间跳骑马舞,可以减少消化不良、肥胖、痔疮、高血压和动脉硬化等病症的发生,能够促进大脑更好地休息,有益于夜间睡眠。这是因为适量跳舞能缓和神经肌肉的紧张,跳舞的过程可以舒缓精神压力。

近日,韩国媒体宣称,《江南 style》不仅凭借欢快的元素风靡全球,其内在更有"科学"成分。这首歌曲通过简单的重复节奏刺激身体反应和自律神经系统,对那些压力大的精神科患者用该音乐进行治疗后,他们表现得轻松自在,开心大笑并晃动身体,和平时大为不同。文章援引韩国一位教授的话说:"《江南 style》中 5 个音节的核心节奏重复了 100 次以上。这个节拍数和慢跑 30 分钟以上后呼吸急促、感觉兴奋那一瞬间的心脏跳动数几乎一致。听到这个节拍后,自己会不自觉地晃动身体或跟着跳舞。"

# 十七、参与体育活动

"生命在于运动",没有人对这句话有半点怀疑。

对身体而言,体育锻炼的好处有以下几点:

其一,体育锻炼可以增加肺活量,改善呼吸功能。在安静状态下,只需10%的肺泡呼吸,而在运动时,氧气的需要量增加,大部分肺泡必须积极工作起来,吸进更多的氧气。一般人的肺活量在3500毫升,运动员可达5500毫升,爱运动的人比不爱运动的人多1000毫升。由于改善了呼吸功能,就能保证大脑细胞的充足供氧,增加血液中的含氧量。

其二,体育锻炼能增强心脏的肌肉和功能,使心脏收缩有力,心脏输出血量增加,从而使大脑供血量增加。此外,体育运动时血液循环速度加快,改善大脑的血液循环,增加大脑小动脉的血流量,改善脑血管弹性。

其三,在体育运动中,脑细胞的活动有所转换,负责体育活动的脑细胞兴奋,而负责思考的脑细胞得到休息,有助于消除大脑的疲劳,因此体育活动实际上是一种积极的休息。

就减缓压力而言,体育运动的好处有以下几点:

其一,忘记烦恼。不管你的运动水平如何,只要你投入进去,必将进入宠辱皆忘的境界。你能一边打球,一边烦恼吗?不可能,想做也做不到。

其二,愉悦心情。体育运动,特别是带有娱乐性的体育运动,会让我们变得很开心。比如,打一场篮球会让我们的心情得到一次放飞。这种体验,只要从事过体育运动的人都会有过。

其三,提高抗压能力。一位资深健身教练说:健身并不一定能减轻人们的压力,但一定能够提高人们的抗压能力。有研究发现,在经过约30分钟的自行车运动后,被测试者的压力水平下降了25%。

其四,参加体育锻炼除了本身能够运动骨骼与肌肉之外,最大的好处就是能够使人从工作中脱离出来,将注意力得以转移。

当然,进行体育运动也要讲究科学,要考虑锻炼的强度,不要在疲劳情况下进行大强度运动,否则有害而无利;要考虑项目的特性,看它是否具有长期坚持下去的可能性,自身的条件是否具备;要考虑自身年龄与体质特点,看看是否符合自己的实际情况。

下面推介几类运动项目供参考:

### 1. 慢跑快走

这对中老年人比较适合。它简便易行,几乎没有条件的要求。慢跑、快走还对保持骨骼健康很有帮助,如果经常慢跑、快走,腿骨的密度平均要提高5%,每月9次以上,骨密度最大,即使每月只有一次,骨密度也有变化。有专家还验证,慢跑和快走能提高"性"趣。同时,慢跑快走也是一种缓解压力的好办法。

### 2. 球类运动

球类运动,如篮球、足球、排球、乒乓球、羽毛球等都是很不错的运动项目。撇开其锻炼身体的功能不说,它们至少还具备两大优点:一是它具有很好的娱乐性,玩起来很有趣;二是它必然是多人游戏,很利于人际沟通与培养团队精神。如果由公司组织一个团队,还能提高集体凝聚力,促进相互沟通,融洽人际关系。

### 3. 极限运动

这个项目适合于年轻人,尤其适合那种工作挑战性特别强的人。攀岩、蹦极、登山探险……这些极限运动能充分地表现自我、挑战自我,其中,克服恐惧是最大的收获。每当到达顶点时,那种超越自我的快感是一种难以忘怀的乐趣,游戏过程中表现出的勇敢也是对自己的一种证明。从事过这种运动的人,在生活工作中,在遇到困难、压力时,会有一种"曾经沧海难为水,除却巫山不是云"的感受。

最后要说的是,专家建议:无论你选择什么形式的体育锻炼,尤其是在运动量不大的情况下,最重要的是避免伤病。下面有几条安全锻炼要点:

开始运动前需要热身大约 5 分钟，方法有原地轻快步行、跑步和伸展四肢；如果未经热身，肌肉容易拉伤。

运动量不要过大，应该逐渐增加；你的目标应该是感觉发热，脉搏加快，而不是筋疲力尽、上气不接下气。

如果你感觉过度疲劳和疼痛，就停止运动；你的运动是取乐，不是高强度训练。

如果你运动量较大，运动之后感觉身体不适，就应去看医生。

另有研究者称，中午是运动减压的黄金时间。中午运动其实并不复杂，最简单易行的方式就是散步。吃过午饭半小时后，可以去户外散步。不过，散步时步幅要小一些，速度要慢一些，大约走 20 分钟即可。如果有条件，还可以去打羽毛球、打乒乓球，或者做瑜伽。相关研究证明，中午人的精力更旺盛，通过运动能刺激内啡肽更多地分泌，从而让人心情平静，身心放松。不过，中午锻炼的时间不宜过长，强度不宜过大，最好控制在 40 分钟以内。力量训练要少做，因为力量训练太消耗体力，容易导致下午困倦。

# 十八、有效管理时间

压力大的人有个共同特点，那就是"忙"，时间不够用。其实，"忙"不仅是工作量大，还有一个可能就是没有有效地管理时间。

处于工作状态的人们，通常每 8 分钟会受到 1 次打扰，每小时大约 7 次，或者说每天 50 ~ 60 次。平均每次打扰大约持续 5 分钟，每天大约 4 小时，也就是说每天工作时间的一半都是在处理没有价值或者极少有价值的打扰。实际上，每被打断一次，一般要损失 10 ~ 15 分钟的时间，所以，如果在 1 小时内接到 4 个电话，这个小时可能就全部损失掉了。况且，在电子化办公的今天，我们还要经常处理一些垃圾邮件。

时间管理的重要性往往被我们所忽略，当去商学院学了 MBA 那些看似很耀眼的课程后，才发现最重要的一门课也许是时间管理。管理学中有个"不值得定律"，不值得定律告诉我们：一流的人做一流的事情，不值得做的事情，坚决不做。这个定律似乎再简单不过了，但它的重要性却时时被人们疏忘。英国博物学家赫胥黎说得很形象："时间是最不偏私的，给任何人都是二十四小时，同时时间也是最偏私的，给任何人都不是二十四小时。"

为了更有效地利用我们的时间，我们应该做到：

按轻重缓急依次排列你的任务。由于每个活动的意义不同，你的精力应该花在那些既重要又有价值的事情上。

（1）改善效率法。学习最新的知识，掌握最新的工具，改进效率，本来要花1个小时的工作，想办法变成0.5小时完成，这样可以节省更多时间用于学习。

（2）推迟不必要的事情。通常你可以推迟甚至取消那些不重要的电话或会议，把时间留给那些真正重要的事情。如果这个会议不重要，何必要白费力气呢?

（3）尽可能有效利用资源。尽可能的发挥已有资源的价值，比如开多功能的见面会，做标准化的文本，重新推荐以往访寻过的优秀候选人，多次使用稍加修改的同类信件或市场宣传材料。

（4）以人替时法。能让别人代劳的事情，自己就不要做，学会运用别人的时间。因为每个人的精力都是有限的，所谓有所为有所不为，把自己的精力和时间用在最能体现自己价值的方面。

（5）缩短电话和会议时间。绝大多数顾问都喜欢在电话上聊天，也许这就是很多人选择这个工作的原因。不过要知道质量才是销售的最重要因素，如果产品的质量过关，那许多电话和会议也许只需要5分钟的时间就能达到50分钟的效果。

（6）以钱购时法。交通方面，能坐飞机，就不要坐火车；如果能打车，就不要等公交；乘坐最快的、最有助于休息、学习的交通工具。学习方面，采用最有效率的学习方法，能面授听课就不看视频；能看视频的，就不买图书。

（7）电话语言要简明扼要。毫无疑问，日常的联络电话对于以人为本的服务行业来说是至关重要的。但是你要明白在竞争压力与日俱增的情况下，这些电话并不比具体的服务更重要，所以你打电话时要尽量简明扼要地说明问题。

英国学者托尼·巴蒂森在《活力男士·疏解心理压力》一书中提出的时间管理策略很有参考价值，谨录于次：

### 1. 创造性地使用时间

（1）目标要定得切合实际，办得到。不要明知自己只能做多少工作，却还要同意做多得多的工作。

（2）将要做的事逐条写下，以示你的思路清楚。

（3）不要兴奋得不知所措，应该先决定好你需要做什么，然后再开始做。

（4）应该为不同的事情准备好大块时间，不要一件事只做了一部分，又跳出去做其他事情。

（5）如果有可能，将工作授命他人去做。

（6）采取团队分工方式，让家里或工作中的每一个人都起一份作用。如果每一个人都能从结果中受益，例如计划安排全家度假，那团队分工的效率就会更高。

（7）对于没有刺激的、被迫进行的活动，如修剪草坪或等候公共汽车，可以边做边思考别的事情。

（8）尽可能采用你想到的节约时间的技巧。

（9）自己给自己定速，即保持稳定的工作节奏，为公共汽车晚点或会议拖延留出充足的时间。

（10）回顾一下上班路上或交通堵塞耗费你多少时间，能不能与老板商量换个上班时间。

（11）开会要事前做好准备，以便按议事日程进行。

（12）将必须打的电话集中起来打，并限定时间。

（13）休息一下，如把脚搁在写字台上，喝杯咖啡，绕写字楼散散步，或与搭档聊聊天。即使是短短10分钟的休息，也能够起到提神作用。

（14）不要把过多的球抛在空中，它们只会掉下来。

（15）一旦你重新安排了你的时间表，为自己留出了时间，就必须利用留出的时间休息和放松，否则就会完全丧失效益。你可以向自己许诺一些报酬，作为建设性地运用时间的鼓励。如:"我既然腾出上午大扫除,那么我就可以在下午看书。"如果工作和休闲分配得好,你就能处于疲劳点上的健康一侧。

## 2. 列出每天要做的事情的清单

将每天要做的事情逐条写出,只有当你用它提高组织安排能力时才有效,否则它也会成为一件日常琐事。

(1)按照重要性排列,并使用A、B、C编码。例如A1、A2、A3。

(2)每天一有新的要做的事情出现就添加进去,做完一件就勾掉一件。

(3)每天定期检查你的清单,如有必要,重新按照重要性编码。A项的事情永远是至关重要的,B项的事情是变迁中的,但永远不应该是长期的任务;C项的事情不紧急,但也代表了必须要做的事情。如果你的C列上的某人打电话给你,那就好了!你可以抓住这个机会,不用再费工夫找他,就能顺便把这不紧急的事情处理掉。

## 3. 做或不做

你在检查你要做事情的清单时会发现,有些事情往往会有一种常规形式,即老是一个样子,或经常出现,或时隐时现,这样的事情需要注意。

(1)如果这些事情老是一个样子,为什么会被你记录下来?你要么把事情做妥,如果事情不需要做,就把它删除掉。

(2)如果这些事情经常出现,你可以考虑将它们授权他人去做。

(3)如果事情时隐时现而又没有去做,那么问题在哪里?你是否在逃避问题。

# 十九、食物减压

据新加坡《联合早报》报道,10种食物对于抵抗抑郁的心情很有帮助。

（1）深海鱼：研究发现，全世界住在海边的人都比较快乐。这不只是因为大海让人神清气爽，还是因为住在海边的人更常吃鱼。哈佛大学的研究指出，海鱼中的 Omega-3 脂肪酸与常用的抗忧郁药如碳酸锂有类似作用，能阻断神经传导路径，增加血清素的分泌量。

（2）香蕉：香蕉中含有一种称为生物碱的物质，可以振奋人的精神和提高信心。而且香蕉是色胺酸和维生素 $B_6$ 的来源，这些都可帮助大脑制造血清素。

（3）葡萄柚：葡萄柚里高量的维生素 C 不仅可以维持红血球的浓度，使身体有抵抗力，而且维生素 C 也可以增强人的抗压能力。最重要的是，在多巴胺、肾上腺素的生成过程中，维生素 C 是重要成分之一。

（4）全麦面包：碳水化合物可以帮助血清素增加，麻省理工学院的研究人员就说："有些人把面食、点心这类食物当作可以吃的抗忧郁剂是很科学的。"

（5）菠菜：研究人员发现，缺乏叶酸会导致脑中的血清素减少，导致忧郁情绪，而菠菜是很有名的富含叶酸的食材。

（6）樱桃：樱桃被西方医生称为自然的阿司匹林。因为樱桃中有一种叫做花青素的物质，能够制造快乐。美国密芝根大学的科学家认为，人们在心情不好的时候吃 20 颗樱桃比吃任何药物都有效。

（7）大蒜：大蒜虽然会带来不好的口气，却会带来好心情。德国一项针对大蒜的研究发现，焦虑症患者吃了大蒜制剂后，能减轻疲倦和焦虑，并且更容易克制发怒。

（8）南瓜：南瓜之所以和好心情有关，是因为它们富含维生素 $B_6$ 和铁，这两种营养素都能帮助身体将所储存的血糖转变成葡萄糖，葡萄糖正是脑部唯一的快乐燃料。

（9）低脂牛奶：纽约西奈山医药中心研究发现，让有经前综合征的妇女吃 1000 毫克的钙片 3 个月后，3/4 的人都感到更容易快乐，不容易紧张、暴躁或焦虑。而日常生活中，钙的最佳来源是牛奶、酸奶和奶酪。幸运的是，低脂或脱脂牛奶含有最多的钙。

（10）鸡肉：英国心理学家给参与测试者吃了 100 微克的硒后，他们普遍觉得心情更好。而硒的丰富来源就包括鸡肉。

另外还有：

不含咖啡因的饮料如橙汁、牛奶、矿泉水等。

富含 B 族维生素的食品，此类食品可以促进肾上腺分泌抗压力激素。坚果、豆荚、深绿叶的蔬菜、牛奶等都富含 B 族维生素。

巧克力能舒缓心情，排除紧张，达到减压的作用。

以下食品有可能增加压力：

多油脂的食物：多油脂的食物不容易消化，它们往往要在胃肠道里待 5～7 小时，并将血液集中到胃肠道，这就很容易使人感觉疲乏和烦躁。

甜食：甜食容易让人在短时间内亢奋，随之而来的感觉却是疲倦。

在吕叔春编著的《如何减轻压力》一书中提出，以下 4 种食品会对情绪产生负面影响：

盐：每人每天只需 1 克盐，但由于我们往往吃了含盐较多的食品，以致无形中摄入了过多的盐分。食用太多的盐将会导致高血压、中风或心脏病。

糖：高糖分虽然可以使人在短时间内拥有充沛的精力，但长期摄入高糖分则会使体重增加或造成蛀牙。此外，高糖分也会使肾上腺过度分泌，从而降低身体抵抗力，造成情绪不安、易怒等症状。

酒：适量饮用，酒可以使人放松，但长期过量饮用会导致食欲不振、紧张、头痛，影响和破坏肝、胆功能。

咖啡因：咖啡、可乐均含咖啡因，咖啡因会刺激肾上腺素，使血压增高，并且会刺激心脏，产生压力反应。

就饮食方式而言，格罗佩尔博士在《反对节食》一书中提出如下建议：

定时定量。定时定量的饮食有益生理节奏的调整，也便于压力的恢复。

少量多餐。白天少量多餐（大约两小时吃一次）可提高代谢率，稳定情绪，保持能量充沛。

早餐不可少。为了维持血糖平稳，早餐一定要吃。分量不必多，但营养要够。

不可吃得太饱，太饱一定会懒得动，工作效率必不佳。少吃多餐可使胃缩小，从而不至于吃得太多。

不偏食。尽量各类食品都吃。老吃同样的东西极可能导致营养不良。

不要节食。这种饮食方法是为达到某种目的而暂时行之,一旦转回平常的饮食,节食的效果往往又会消失。所以饮食习惯应当持之以恒。

一天喝 8 杯水,多数企业人士每天的饮水量都不足。

另据英国《每日邮报》近日报道,英国布里斯托大学的研究者对大学教职工、基金管理公司员工和 IT 员工进行了调查,结果发现,中午喝杯热茶同样能降低你的压力水平。研究显示,只需喝一杯热茶,就能将压力降低 25%。尤其在中午,热茶降低压力和焦虑情绪的作用更加明显。

# 二十、咀嚼减压

咀嚼口香糖,可以帮助舒缓紧张情绪。许多运动员在比赛前或者比赛中会有咀嚼口香糖的习惯。这并不仅仅是习惯或者嗜好,现代科学研究已经证实了咀嚼口香糖能够舒缓紧张、减轻压力。

北京大学、北京体育大学运动员竞技焦虑联合研究组公布的一项大学生运动员的压力情况调研显示,七成运动员在咀嚼口香糖时体验到压力在舒缓,并有平静、放松的感受。另一项研究表明,"咀嚼"能够缓解低、中特质考试焦虑。咀嚼口香糖的考生比没有咀嚼口香糖的考生焦虑感低 20%,特别是对于低焦虑状态的学生群体,咀嚼组比未咀嚼组的焦虑感低 36%,而对于中焦虑状态的考生,咀嚼口香糖比不咀嚼口香糖的焦虑感低 16%。

另外,研究还发现咀嚼能提高大脑海马部位的信号活跃性,而海马区与情绪调节密切相关,它可以通过调控血液中与压力相关的激素,使情绪得到放松。所以,许多人无意间咀嚼口香糖时,并不是简单的清新口气,同时也是在舒缓紧张的情绪。

此外,在东京"第十届国际行为医学学术大会"上发布的最新心理学研究表明,咀嚼口香糖能减轻 16.5% 的焦虑情绪;提高 18.7% 的警觉度,减轻 13.3% 的压力感;特别是同时进行多项工作任务时,咀嚼口香糖能帮助人们提高 109%

的工作整体表现，效果十分显著。在美国，就有不少学校在考试前向学生派发口香糖，帮助考生舒缓紧张情绪，集中注意力。

# 二十一、学会休息

列宁说：休息是为了更好地工作。所以我们要学会休息。

首先，要把工作与休息明确分开。

有人在形容德国人刻板时说了这么一件事：一个德国工人工作时十分卖力，一刻不停，快下班时在拧一颗螺丝，干到一半的时候，下班铃响了，这个工人没把这颗螺丝拧到底就走人了。

看起来有点可笑，甚至觉得这人有点迂腐。但我们若从另一个层面去理解他的行为，则是此人把工作与休息明确分开了。是好事，不是坏事。

一位白领说，自己邀请了几个朋友聚会，想散散心，酒席上一落座还没说上几句话，就有人抱怨自己平时工作不顺心，一下引起大家共鸣，纷纷说起不顺心的事。结果，这场聚会"变脸"成牢骚会，原本挺愉快的心情一下子变得沉重起来。

而另一位白领坦白道，有3天的休息时间，原本可以享受一番，可老是想到公司里那密密麻麻的报表，恐惧感就产生了。

休息日本来是让你放松的，公司本来也是这么想的，可你偏偏不这么做，这怪谁呢？当然是怪你自己。

我们的主张中，工作时好好工作，休息时好好休息，把工作"忘记"，虽然是暂时的忘记。工作是生活的一部分，而不是全部。工作时工作；生活时生活；学习时学习；娱乐时娱乐。总之，一定要有个界限。如果无时无刻不在想工作、干工作，工作压力就来了。这对你个人不利，对工作也不利。

学生下课时还捧着本书，是最聪明的学生吗？不是，肯定不是。

其次，要保持适度的睡眠。

长期通宵达旦地工作，很容易使身体产生疲劳感，只有让身体有张有弛、劳逸结合的工作，才能持之以恒，才能可持续发展。有人曾做过这样一个实验：两只同样健壮的狗，一只让睡不让吃，坚持了30多天；另一只既不让吃又不让睡，仅10天就死了，可见睡眠是多么重要。

所以，睡觉是养生的头等大事，对于金领、白领来说，合理的睡眠与休息也是大脑有效工作的重要保证。要保证自己有足够的睡眠时间。

不同年龄的人对睡眠时间的要求是不同的；不同的个体对睡眠时间的要求也有很大的差异。每个人可以根据自己的生理、心理特点决定自己的睡眠时间。

一般来说，晚上11点到深夜3点之间，睡眠质量最好。我们最好安排这段时间休息。

再次，要学会主动休息。

同样是休息，却有主动与被动之分。疲劳是会积累的，当你感觉疲劳时，其实你的疲劳已经积累得相当深了，这样很容易造成身体透支。这时再去休息，就是被动休息。主动休息就是在还没有感到疲劳的时候，休息就已经发生了。应当说，主动休息更具有科学性。主动休息的方式有多种多样，午睡是一种不错的主动休息方式。据称有的IT公司专门给员工配一张席子，当员工感觉到疲倦的时候就躺一下。当然，主动休息还可以是忙里偷闲，比如上班觉得累时，走出写字楼买瓶饮料喝喝；或者是做做简易休息操、工间操。总的来说，主动休息就是用一种主动的心态去应付疲劳，不是在疲倦袭来之后，而是在它到来之前，你已经进行过必要的休息了。

---

在第二次世界大战期间，丘吉尔已经近70岁了，却能每天工作16个小时，一年一年的指挥作战，实在是一件很了不起的事情。

他的秘诀在哪里？

他每天早晨在床上工作到11点，看报告、口述命令、打电话，甚至于在床上举行很重要的会议。吃过午饭以后，再上床去睡一个小时。到了晚上，在8点钟吃晚饭以前，他要再上床睡两个小时。他并不是要消除疲劳，而是在事先防止疲劳。因为他经常休息，所以可以很有精神地一直工作到很晚。

最后，一天当中多进行几次短暂的休息。

来个"午间一小时"吧，这相当于 8 小时工作中的一次"中场休息"，也是工作的"缓冲期"。这个时候可以走走楼梯，放松身心；也可以听听 MP3，调整情绪。另外，"午间约会"在写字楼白领中也悄然流行，约附近的朋友一起逛逛商场，或在附近的咖啡厅谈心，短短的半小时里，一起讲讲幽默故事、谈谈家常、八卦一下时下的流行时尚和明星动向，同事间的关系将会变得更加融洽，同时还能缓减一天的工作压力，何乐而不为呢？

# 二十二、干点手工活

下班后，放假时，把工作中的烦恼扔到一边去，干点自己感兴趣的手工活，干点需要高度专注的手工活，不失为一种减压良方。

曾读过一篇短文：《都市女红》。录于下，共赏之。

生活中总需要有一些角落提供避风的港湾。针和线仿佛为 ADA 创造了一方与世隔绝的小小天地，让他暂时远离现实，只享受独属于自己的成就感与快乐。

在都市的喧哗中，女红能使人感觉到时光近乎停滞，并有一种与世无争的平和与自足的成就感。很多人像 ADA 一样通过这种田园牧歌式的恬静来调节自己的心情。

国贸商厦的地下层有一家绣品店开设了刺绣培训班，教授苏绣技法，课程分基础、初级和中级，每一阶段的学费高达 2000 至 3000 元。尽管如此，来报名参加的人仍然络绎不绝。据店里的老师介绍，报者主要是白领和家境富裕的全职主妇，他们大都是为了体验古典的情怀，修身养性而来。她们不定期来绣品店学习基本针法，回去后必须每天至少练习两小时才能最终掌握。一针一线的世界，女红让时间变得绵长而悠然。绣一块十几厘米见方的绣品，初学者往往要花上好几个月，那些细密繁复的针法极考验人的耐心，对于家庭主妇，这是消磨时光最优雅的途径；对于年轻女白领，这是减压良方。

（戴婧婷．中国新闻周刊，256．）

# 二十三、与家人欢聚

对于职场人士而言，家是你最后的、最巩固的大后方。亲人，特别是有血缘关系的亲人能给你提供全方位的、无条件的支持。

根据那些感到压力巨大的职场人士所述，他们的压力之所以那么大并且难以消解的原因之一，就是家庭支持系统亮起了红灯，家庭成员间缺乏心理疏导。

那些常常要出差的人，在工作之余没有家人的陪伴，时常会感到孤单寂寞，这种情形下，即使压力得到正常的排解，也极容易导致婚外恋等情感出轨的事情发生。此外，一些员工为了完成工作量每天要工作很长时间，工作强度也很大，为了放松自己，下班后会到酒吧喝酒而不是回家，或者即使回家也不和家人说话，还有些单身员工因此难以找到伴侣。专家认为，家庭是给人提供精神支持的场所，但目前国人的家庭系统正处在应激状态，仅10年间离婚率已增高1倍。如果找不出缓解这一问题的方法，处在社会文化碰撞中的中国人就会失去家庭支持这一强大的心理源泉。

《常回家看看》这首歌一炮打响，红遍大江南北。客观地说，不是这歌本身有多好听，而是拨动了亿万人的心弦。子女常回家看看，慰藉了老人，也在一个最温馨的地带释放了自身的苦恼与压力。它的作用、它的功效，最高明的心理咨询师也只能望其项背。

所以，我们要巩固好自己的大后方——家。无论在工作上如何，事业上如何，我们总还有一片宁静而安详的绿洲——家。

如何让家成为一个安详的绿洲呢？

第一，不把压力带回家。

下班的那一刻，就把工作上的问题，特别是令人烦恼的问题统统忘记。

有人会说，忘记了难道就不存在了吗？你这是鸵鸟政策，自欺欺人。

我们得反问：记住了那些问题与烦恼就能解决它吗？如果能，倒也罢了，我们就去想它。如果不能呢？想它只是自寻烦恼。想一想吧，倘若一个人无时无刻不在烦恼之中。对自身不利暂且不说，对工作、对问题解决有好处吗？

结论就用不着我来说了。

第二，不把不良情绪带回家。

进了家门，我们的社会角色已经改变，是儿子（女儿）；是丈夫（妻子）；是父亲（母亲），而不是某单位的一员。既然我们已不是单位中的角色，也就别把在单位中所扮演角色的情绪带回家（对家人倾诉是另一回事）。把不良情绪带回家，实在是自己扰乱自己的大后方。

第三，珍惜和睦的家庭氛围。

"家和万事兴"。这是条亘古不变的真理。只有保证后方稳定才能在追求事业时没有后顾之忧。对家庭要珍惜，要小心翼翼地呵护，不要把到手的东西不当回事，尤其不要有非分之想，情人，可以带来一时的快乐，却要承受终身的十字架。

请谨记一句至理名言：

要想一天不得安宁，请客。

要想一年不得安宁，盖房子。

要想一辈子不得安宁，娶小老婆。

第四，适度的物质要求。

这是一个物欲横流的年代。我们不能说它全错，事实上，它在鼓励人们奋进，推动着社会的进步，生产力的发展。

但我们对物质的要求，心中要有个度。当你有台10万元的车时，会想，我要有台20万元的车该多好！可是，当你有了20万元的车时，没准又想30万元、

50万元、100万元、几百万元的车了。永远没有个满足，永远没有个尽头。

所以，不要制定不适合实际情况的物质诉求，否则家庭会成为另外一个压力源，同样带来精神上的超负荷。

第五，处理好家庭与事业的关系。

中国人塑造的英雄或模范人物，都是只问事业不顾家的，个个都像刘邦那样"争天下者不顾家"。似乎一顾了家，就对不起事业，就够不上英雄，就不能作为榜样。

这实在荒谬透顶！

家庭与事业绝非水火不相容、冰炭不同器。更进一步说，如果一个人全然不顾家，我们很难相信他对公司会有多大的忠诚度，对事业有多大的忠诚度。苏联有位著名的教育家苏霍姆林斯基。他是一位校长。按照苏联教育大纲的规定，一年级的新生进校，要进行爱祖国的教育。而在他的学校里，不进行爱祖国的教育，却进行爱妈妈的教育。理由是：如果一个人连自己的妈妈都不爱，他会去爱祖国吗？沿着这一思维轨迹，我们说，如果一个人连自己的家都不爱，他会去爱自己的企业、爱自己的事业吗？

家庭与事业不但不是对立的两端，而且存在着兼容性。因为爱家庭，所以要好好干事业，因为事业成功，家庭才会格外幸福。

这话好像没错吧！

第六，有事向家人倾诉。

在工作中遇到问题，在生活中遇到难题，心中有烦恼，背上有压力，首选的倾诉对象应该是家人。

这是因为你尽可以在家人面前释放自己软弱的一面，而他们是绝对不会笑话你的。你可以在他们面前无话不说，他们肯定不会出卖你。你的问题，家人可能能为你解决一半。比如，一次本以为十拿九稳的升迁机会却失之交臂，于是你大为沮丧。这时你的妻子说："老公，不当官就不当官，我们现在不是过得好好的吗？我爱的就是你这个人！"听到这样的话，你肯定会感到一阵释然，一种慰藉。

所以，心里有痛，心里有话，可以在家人面前有一次痛快淋漓的倾诉，这大大有利于恢复心理的平衡。

第七,多与孩子亲近。

如果你已经有了孩子,请多与孩子亲近。

这是一种责任;

这是一种义务;

这也是一种享受。

研究表明,父母与孩子的亲昵,有助于孩子智力的开发,有助于孩子良好个性的形成,也有助于孩子社会性交往能力的形成。

其实,与孩子的亲昵,不仅有利于孩子的健康成长,对自身心态的调整也十分有利。孩子是我们生命的延续,是我们未来的希望,我们在一生中那些不能实现的梦想有时也可以寄托在他们身上。在这一过程当中,我们也可以得到巨大的、无可替代的享受。

当我们面对孩子那天真、纯洁又无忧无虑的脸庞时,所有的压力与烦恼都将悄无踪迹。

这一点,难道还有任何疑问吗?

# 二十四、与朋友交往

现代都市人往往都有个小圈子。三五个、六七个好朋友,常常都不是一个单位的,一个星期,最多两个星期就在一起聚一次,或品茶;或饮酒;或打牌;或钓鱼;或休闲。没有目的,没有主题,没有功利,就是在一起聚聚。谈起话来天南地北,话题可能不高深,但绝对真实,不会有假话,因为没有必要说假话。一场聚会以后,大家都感到一种轻松、一种释放、一种解脱。散去以后,大家各奔前程,接下来便是对下一次聚会的期盼与向望。这种期盼与向往也是幸福的、令人陶醉的。

这样的聚会,至少具有两种功能:

第一，满足了归属与爱的需要。这是一种继生理需要、安全需要相继满足之后自然出现的社会性需要。人类具有集群性的特征，只有在群体中，他们才感到是安全的。群体有两种形态：正式群体与非正式群体。这种小圈子，就是一种非正式群体。非正式群体没有明确目标；没有正式领袖，但彼此间的心理相容度极高，凝聚力很强。非常能够满足人们的归属感。

第二，它是一个释放压力的绝好"窗口"。如前所述，在这种场合大家都说真话，谁也不用提防谁；谁也不会笑话谁，谁对谁也不会有恶意，因为他们之间没有利益冲突。在这些朋友面前，可以尽情倾诉。有些话，可能对自己老婆、老公讲都没那么方便，而对这些朋友讲则无任何心理障碍。

平时注意扩大交际，多建立培养一些非工作关系的人际交往圈子，使他们在关键时刻可以成为你的倾听者和意见提供者，从没有利害关系的第三方角度提供应对方案。

对这种小圈子，我们应该竭力营造；对这些朋友，我们应该格外珍惜。

在与朋友的交往中，聊天是最常见的一种形式。

心理学家认为，聊天是获得美好心情的一种有效而愉快的手段。

茶余饭后、节假休闲，好友相聚，说往事，谈未来，话题不断跳跃，情感高度投入，一切烦恼都置于脑后。

美国《纽约时报》最新载文报道，科学家发现，适当地参与说人闲话其实可以增强人与人之间的联系。

现实生活中的人们都无法避免在背后议论他人。其实，说闲话不仅可以帮助我们澄清一些事实，而且可以帮助工作中的我们彼此之间更好地协作相处，因为一些事情是不能够或不方便被公开传播的。认为说闲话具有好处的心理学家指出，说闲话为欲加入到某一新群体中的人提供了一个"立足处"，让他（她）能慢慢融入到这个新群体中，并且通过参与背后议论他人，那些失落的人可以感觉到自己处于一个安全的人际网络中。

"当然，我们要远离那些毁坏他人名誉、进行人身攻击的背后议论。"美国纽约州立大学从事人类生物学研究的大卫教授认为，"说闲话表现了一个人生活中是否久经世故，以及他在该群体中的地位。当两个或者更多的人相互闲谈关于另一个不在场的人的事情之时,他们常常会传布一些关于这个不在场的人的鲜为人知的信息。与此同时,参与说闲话的每个人又彼此潜意识地保护自己不在这场说闲话事件中受到负面影响。"为了进一步揭示说闲话的意义,科学家对太平洋岛民、美国中学生、纽芬兰岛和墨西哥居民进行长期跟踪调查,结果发现闲话的内容一般都很广泛,说闲话的频率也比较高,大约有 1/5 到 2/3 的人每天都加入到背后议论人的队伍中。

闲话在社会生活中普遍存在。心理学家认为,参与说闲话可以让人学习到从其他一些人际交流中学习不到的东西,比如让你懂得人与人之间应该如何彼此信任以及可信赖的程度。"从不参与说闲话实际上对人的身体健康是不利的,且是反常的。"

# 二十五、做爱

在我国的传统观念中,做爱除了能繁衍后代还算是积了点德以外,几乎都是罪恶。所以,在公开场合,人们对"做爱"这个词都是羞于启齿。其实,做爱这个现象除了每天在全世界会发生无数次,是无法回避的客观现实以外,它还是有不少好处的。

有一位叫策策的网友在网上提交了他的心得:做爱 10 大好处:

**1. 性爱可摧毁压力,舒缓紧张**

在进行性爱的过程之中,人体荷尔蒙的释放使我们无法感到压力。这个反应甚至可以维持数小时之久,直至荷尔蒙的水平恢复到整个身体系统的正常水平。

**2. 性爱可以帮助你入睡**

性爱时身体上的努力和情绪上的高涨会是完美的引擎,引你驶入梦乡。肌肉在兴奋时紧张，并在事后恢复松弛，这个过程很明显地有助于休息和睡眠。

### 3. 性爱可以保持青春

英国药物研究中心的医生兼辅导专家约翰说：假如你不使用你的性器官，那么它会倾向于退化。性生活可提高阴道的润滑程度，并且滋润阴道。

### 4. 性爱可以提高自信心

有定期的性生活，表现出你和你的伴侣爱着对方。性爱时易于达到高潮会觉得自己更有吸引力，提高你的自信心。

### 5. 性爱能够改变你的外观

性爱时的刺激和运动会导致肾上腺素产生。这些荷尔蒙能够提高皮肤的透明度，使它看起来明亮透彻一些，人亦漂亮一些。

### 6. 性爱使你和你的伴侣更亲密，包括情绪上和肉体上

当你和你的伴侣的关系倾向于好的发展方向时，你们的性生活也会更和谐。你们可以通过性来和对方进行沟通，从而更显恩爱。

### 7. 性爱可舒缓经痛

做爱时所释放的荷尔蒙能松弛引起经痛的拉力。

### 8. 性爱可以帮助延寿

有证据显示，婚姻美满的人较单身和离婚的人更长寿，这与美满婚姻的性生活有莫大的关系。不论在生理上和心理上，做爱都有益健康。

### 9. 性爱对心脏和血液循环系统有裨益

性爱可提高你的心跳率和血压。史密夫博士表示，偶尔加速你的心跳率不会有任何害处，这是舒展你的心血管系统的另一种方法。

**10. 性爱燃烧卡路里，有助保持苗条**

据调查显示，一个热烈的接吻燃烧十二卡路里，而十分钟的爱抚亦可燃烧五十卡路里。即使最迟缓的做爱，亦可每小时燃烧二百卡路里，相应地，假如在这个过程中你非常热烈和兴奋的话，燃烧五六百卡路里是可想而知的。

从他所列举的这 10 大好处中，十之六七都是对减缓人的压力有帮助的。所以我们认为，做爱只要有度，对减压是有帮助的。

研究表明，性行为可以使身心得到很好的释放，促进睡眠并提高睡眠质量。一次高质量的性生活，可以有效缓解压力。性爱是一种娱乐活动，确保性爱在浪漫情调中达到预期的指数，两个人都缓解了压力，应该算是一份意外收获。

做爱的原则应该是兴之所至，不能把它当成责任、当成任务、当成程式，如果是那样的话，做爱不仅不能缓解压力，可能还会成为一个新的压力源。

# 二十六、泡吧

泡吧，也包括去咖啡馆、茶楼。

如今的酒吧、咖啡馆、茶楼可谓在全国各地都是红红火火，老板们都赚得盆满钵满。说句不太中听的话，我觉得真正懂酒、懂茶、懂咖啡，识得其中三味的人恐怕不是很多。酒吧、咖啡馆、茶楼的功能实质上已经异化，大部分人是把它作为一个聚会的场所，放松与宣泄的乐土。

这没有什么不好的，也许酒吧、咖啡馆、茶楼本来就应具有这个功能。

在各种吧里，那些既新奇有趣，又可让人亲自动手的特色吧就让人特别心动。刚开始有陶吧、布吧，现在又有印染吧、亲自一吹的玻璃吧……把整个小型啤酒厂搬进酒吧，让顾客亲自参与并享受每一杯鲜酿啤酒的制造过程的啤酒吧把每一个走入这里的客人带进了一个新奇的世界。

在咖啡馆和茶楼中，或一人独饮，或三五好友悠闲地谈天说地，分外舒适。

咖啡馆和茶楼或高档或独特的装修，既让人品尝到高品质的咖啡与茶的文化，又满足了人的视觉、听觉、嗅觉，让人在现代而又有些古典的浪漫气息中度过悠闲的时光。

那种充满小资情调的感觉，最能让金领、白领怦然心动。与好友谈天说地之中，放松神经、打开心扉、天南海北无所不谈，喜悦忧伤共同分享，其释放神经能量的功能，实在不可低估。

独自在家，端上茶壶品茗也是个不错的选择。

茶是世界上最受欢迎的饮料，部分的吸引力可能源自它具有舒缓紧张的力量。英国伦敦大学的科学家指出，连续 6 星期每天喝红茶 4 次的人，在紧张工作后，比那些喝咖啡因饮品的人具有较低水平的皮质醇。研究还表明，绿茶中的茶氨酸可转变脑电波活动，使人从紧张变为放松。

# 二十七、购物

女性大多都喜欢逛商店、购物，尤其是经济条件较好的白领女性，在心情不好的时候，更多地会选择去疯狂购物。为什么购物具有释放心情的功效呢？有多种解释：可能是购物时眼花缭乱的商品吸引了你的注意力，让你心无旁骛，从而暂别烦恼；可能是恰好买到了中意的东西很开心，弥补了内心的缺憾；也可能是大量的钱财被自己一次性消耗而产生快感。

但也有人对购物减压提出质疑。也许是源于女人的天性，当我们看到一件心爱的裙子的时候，我们就会忘记那些该死的最后期限或烦人的夫妻矛盾。尽管女人们可以用开玩笑的语气讨论谁是真正的购物狂人，但"购物处方"本身并不那么有趣。购物带来的愉悦程度越高，回家以后那种兴奋消退得也就越快，浪费金钱的罪恶感也就越深。这种后悔和不安会带来更多的压力。最可怕的是，当我们对自己身上的重重压力不明就里的时候，我们已经再一次冲进购物中心。这种恶性循环不但无法根除压力的根源，反而会给我们带来一身债务。

对于这个问题，我们的观点是：

购物对缓解压力还是有帮助的，只要不是大大超越个人经济能力的疯狂购物行为，我们应更多地看到它的正面作用。

第一，在购物时，我们完成了一次角色转换，那就是由工作中服务于他人的角色转换为"上帝"，我们的尊严感在商店里会得到极大的满足。

第二，如前所述，购物时，尤其是女性购物时，大多高度专注，对工作中的事可以做到宠辱皆忘，有利于心态的调整。

第三，在买到一件满意的商品时，特别是女性买到一件满意的衣服时，很有成就感，甚至产生对自身形象直至整个自我的肯定。

第四，按照弗洛伊德的说法，做出一些非理性的行为，也是对自身心理能量的一种释放。

## 二十八、泡澡

在热水中浸泡20分钟，不仅可以使肌肉得到放松，减轻压力，洗澡水的热量同时也会通过扩张血管来降低血压，进而使你精神振奋、精力旺盛。这是因为长期生活在工作压力之中的人，神经末梢处于紧张状态，经常会有头昏脑胀的情况出现。在这种情况下，在适量运动后，洗个热水澡，会使血液流通全身，神经倍感松弛。

还有些专家认为，热蒸汽会促使体内产生压力的化学物质的释放，从而降低压力激素。睡前洗个热水澡会使人进入深层次的放松状态，这是另一种消除压力的好方法。

冲澡、洗澡只是打扫卫生。在热水中泡20分钟才能使肌肉得到完全的放松。如再使用一些精油或芳香类的产品，放松的效果会更好。

可以到外面的休闲中心去泡澡，也可以在自己家里泡澡。在家里放松的效果略差些，但如果放点音乐，再在浴缸里撒点花，甚至来杯红酒，也是挺不错的。可别洗冷水澡，那是得不到最佳放松效果的。

## 二十九、打扮自己

打扮自己，不仅与形象有关，也与心情有关。

想象一下，当我们衣衫不整、蓬头垢面时，我们的心情会好吗？当我们穿得整整齐齐、清清爽爽时，是否精神也为之一振？

金领、白领要注意自己的修饰打扮，尤其是自己心情不好的时候，不妨刻意打扮一下自己，对着镜子看一看自己的"光辉形象"，没准你就能平添几分自信，平添几分与世抗争、与事抗争的勇气与力量。

女性金领、白领这么做的作用会更大。

这种减压方式的另一种变式就是穿件旧衣服。

有人建议，在工作压力大的时候，回到家里，穿上一条喜爱的旧裤子，再来件宽松的上衣，会给人一种如释重负之感。理由是穿了很久的衣服会使人回忆起某一特定时空的感受，情绪也将为之高涨。

还有一种选择就是去理发。

在情绪不佳的时候，去理个发也是个不错的主意。在洗头、梳理和吹风、烫发的过程中，人们会感到精神振奋、心情舒畅，同时心律变缓，血压下降。

理完发后，对着镜子看一看自己焕然一新的形象，你会有一种顿释前嫌的感觉，虽然不能说压力就此消失，但你的好心情至少会持续一段时间。

## 三十、度假

现在机关事业单位都有公休假，企业也建立起了年假制度。

常言道，存在的就是合理的，既然设置了假期，假期就有它的功能与作用。

有一项研究发现，那些长达两年都没有度过假的人更容易得与压力有关的各种身心疾病。每四个月度一次假是一个比较好的选择。

机器需要年检与大修，人怎么能没有呢？所以，当我们有假期时，就要去用，这与虚度光阴全然不是一回事。

度假的好处就是彻底离开工作环境，将一切烦事俗务都放下。

度假的好处就是有一个比较完整的与家人团聚的时间，对于巩固大后方，对于放松身心都有很好的帮助。

度假还可以让你远离所做的事情，反观它们，从而较为清晰地看到它们的价值和意义。也就是说，你是谁，什么角色，你想干什么？你能干什么？这个拷问，仿佛一次剪除杂草的工作，让物种以自己的特色和优势全力成长。

如果度假对你来说是一份奢侈的话，那郊游一定是现实可取的。像春季踏青；夏季露营；秋季于落叶中散步；冬季于飞雪中寻梅，耗时不多，花钱不多，情趣多多、收获不菲。

不过，以减压为目的之一的度假旅游，也有些讲究。

腾讯旅游提供了心理专家教你在旅途中减压的技巧。

### 1. 旅行也要放慢节奏

现代人的生活节奏都太快了，"快"就是压力的一个重要来源。如果想在旅行过程中放松，就一定要"慢"下来。赶鸭子式的旅行根本不可能让人放松，因为平时的生活节奏就够快了。最可能实现减压的旅行就是"在当地住上些日子"。

### 2. 关闭手机关注内心

下车拍照、上车睡觉，旅游对于很多人来说，仍然是"走马观花"，眼睛看到风光，心里却想着烦恼的事，感觉不知道飞到哪里去了——这样的旅行，完全达不到减压的目的，反而会让身体更加疲劳。旅行是一个难得的放松机会，最好在这时学会"活在当下"，把意念集中在身体和情绪的感觉上。

减压式的旅行必须给自己创造一个不受打扰的自由空间，关掉手机，关注体会。比如，看到山高海阔的风光，不是急着拍照，而是用鼻子闻、用耳朵听、用眼睛看、把心沉静下来去感受，这种方式可以帮助你找回自己。快乐就哈哈笑，郁闷就喊出来，难过就放声哭，在自然的空间里释放自己、感受自己，可以让你头脑清醒，身体就像重新充过电一样。

### 3. 在大自然中吸收正能量

自然界是充满能量的，不妨去到美丽的地方，即使什么都不做，沐浴其中，身心就会得到很好的调养。大自然空气中含有大量负氧离子，对人的健康大有益处。这是测得到、看得见的。还有很多看不见、摸不着的自然能量，但它们确实存在。春风拂面、芳草如茵、阳光和煦、鸟鸣雀跃……春天的自然界，充满了一种积极向上的生发力量，这些力量是像空气一样可以呼吸进身体的。

### 4. 顺便多行善送温暖

与其沉浸在"末日情怀"的郁闷里，不如抓紧旅行的机会多行一善。"做好事本身就是减压的最好方式，给别人带来一份温暖，也给自己增添了同样的温暖和快乐。"专家认为，旅行中的"多行善"有很多实现的方式。比如顺便去不知名的小学给孩子们带点书刊文具、和当地人聊聊他们感兴趣的外面的世界，甚至是悄然拾起一个垃圾、帮老人家拎拎东西等，举手之劳，心境便会不同。

### 5. 在风景里动起来

旅游还有不动的？是的。在心理专家看来，在酒店里窝着、懒懒地闲逛看景，都不算"动"。被动运动对于减压来说力度太小，要想心中畅快，一定要想办法让自己"动起来"。

地球引力让人感觉到踏实，却也可能太多地感觉到身体的重量，产生一种对于压力"无力对抗"的错觉，而运动则是对抗这种错觉的最好方式。运动可以将血液里的压力荷尔蒙代谢出去，并且增加了可以让你镇定的抗焦虑荷尔蒙，减少面对压力时的无力感。专家介绍，即便旅游目的地的运动内容较少，也可以尽量让自己"动"。比如拍照时模仿东京"漂浮少女"的创意，拍到脚跟不着地，就是很好的运动。

# 三十一、养宠物

20世纪50年代到70年代，人们认为养宠物是资产阶级思想的表现，如今，也有许多人认为养宠物是闲得没事干。

这种观念有失偏颇。养宠物固然是闲情逸致，但闲情逸致并非无益。其他的益处这里就不说了，它在缓解人们的压力方面就有不错的功效。一项心理学实验显示，当精神紧张的人在观赏自养的金鱼或热带鱼在鱼缸中姿势优雅地翩翩起舞时，往往会无意识地进入"宠辱皆忘"的境界，心中的压力也大为减轻。

回到家后，有一只可爱的宠物帮助你忘却压力，再没有比这更好的方法了。科学家认为，养一只狗或是猫确实有好处。抚摸一只宠物会帮助你降低血压和减缓压力，房里有一只狗会使人放松。

但是，养狗，有人怕它乱抓乱挠，养猫，有人怕长跳蚤，养鱼，有人又嫌换水太麻烦。那么，有没有一种宠物，是不用喂食、不用洗澡、不长跳蚤、不乱抓乱挠、不脱皮不掉毛、干净卫生、主人不用帮它做任何事它就能自己长时间生存下去的呢？有，那就是蚂蚁！

据台海网报道，厦门白领们又玩起了新花样——养蚂蚁。用白领们的话说，他们养蚂蚁，是在公司群购"浪潮"的推动下才随波逐流的，是为了解闷，也是为了观察平时所无法看见的蚂蚁的生活习性。

蚂蚁刚买来时装在一个盛有蓝色胶状物的弧形透明容器，里面有十几只黑色的小蚂蚁。"刚买来的前几天，这些蚂蚁都只是待在凝胶的上面爬来爬去，实际上它们是在适应环境，过了一段时间，这些小东西就开始'动工'，打起了隧道。在大约15厘米深的蚁屋里，两天左右的时间它们就完成了一条从顶部通向底部的隧道。"黄小姐说，有时候坐在办公室里，看看这些小蚂蚁如何活动，觉得很好玩，整个人就放松多了。

"它们总让我想起了小时候看蚂蚁搬家、蛐蛐打架的日子。"

黄小姐所说的,其实是一种名叫"蚂蚁工坊"的生态玩具。在一个灌满天蓝色凝胶的透明容器里,住着一群黑色的弓背蚁。容器里的凝胶提供了弓背蚁生存1年所需的营养和水分,主人不用喂食,不用给宠物洗澡,更不用带它们去医院,它们就能自娱自乐、自给自足,还能生活很长一段时间。

"仔细观察,你就能看到蚂蚁从入住'新居',到适应环境,再到推选'头领'及分为'工蚁'和'兵蚁'的一系列过程,还能看到它们之间的争执、斗殴以及分工、合作。这些都是蚂蚁在地下真实而且神秘的生活,我们平时根本就看不到,很有意思。"说起这些蚂蚁,黄小姐饶有兴致,"前几天,同事把两个穴的蚂蚁放在同一窝,结果造成了惨烈的战争,尸横遍野,那个惨啊……快看,它们正在'头领'的指挥下挖隧道筑巢呢。"

养宠物的另一项减压功能是转移注意。与宠物戏耍之时,精神专注,心情愉悦,世间的事都抛在一边,忘情地与宠物玩耍,压力便在不知不觉之中开溜了。

顺便说一句,养宠物能够减压的前提条件是你喜欢养宠物,并且是养你最喜爱的、在特定时刻能让你全身心投入的宠物。否则,就成了鹦鹉学舌、东施效颦了。

# 二十二、漫步森林

太平洋时尚女性网《漫步森林 缓解职场压力》一文,很值得一读。

接近森林,喜爱大自然,是人类回归自然的天性。让我们漫步于森林中,沉浸在广阔的绿色林海里,享受树林散发的天然芳香,倾听水声鸟语、松涛虫鸣,使我们的视、听、嗅、触觉及心灵达到彻底的洗涤,心绪恢复原来的步调,病痛顿除,身心舒爽。森林浴广受人们喜爱的原因也正在于此。

森林浴,就是进入森林,游山玩水,静思养神,全身沐浴森林的精气和香气,洗净都市尘嚣,顿觉身心舒畅,充满活力。对于不宜激烈运动的老人或妇孺,森林浴更是寓健身于游乐的活动。森林环境的特征,除能调节气温、湿度外，还可影响风速与降雨量，也就是可创造当地风调雨顺的气候，让人倍感舒适。一个地区如果大量砍伐森林，会造成其周边一带气候的极值差距变大，目前一些大都市都有这样的现象；相反，如果拥有茂密的森林，则当地气候就会很温和。

当我们走进森林，会情不自禁地深吸一口新鲜又芳香的空气，顿觉神清气爽。森林里的空气为什么特别新鲜？除了林木茂盛，能生产氧气净化空气外，芳多精也是功臣之一。当我们走入森林，会觉得这里的空气的确与都市不一样。在森林区内，除了各种枝叶繁茂的植物能过滤尘埃净化空气外，还含有裨益人体的芳多精成分，可使人顿觉清新而充满活力。森林植物的叶、干花等会散发一种叫做芳多精的挥发性物质，用以杀死空气中的细菌、微菌及防止害虫、杂草等外来生物侵害树体。芳多精亦可控制人类病原菌。各种植物所散发的芳多精，弥漫在林内，形成森林的精气，使漫步森林内的人们，自然神经受到刺激，安定心情，由内分泌旺盛而调整感觉系统，可使头脑清醒，运动能力提高。这种森林精气对于人类的效益，就是一般所谓的森林浴芳多精效果。我们于林间步行，尽量出汗，至稍有疲劳感最好。在森林内的步行运动比起平地热量消耗大，疲劳度却较轻，而且也能快速消除疲劳，这是由于山林中气候宜人，地形富有变化，景色赏心悦目，且远离尘嚣，于是使你舒畅爽快。在林间步行有点累时，宜停下来向着巨树做深呼吸，来调整吐纳，放松身心，并增加吸取芳多精与阴离子的频率与深度。在森林浴的最后过程，是让心绪彻底放松，心境澄明。当我们置身于幽林深处，面对接连天际的壮丽森林，或仰望千年巨木，自然产生敬畏、神秘、喜悦等情感，此为人与大自然的无声对谈。这时候自然而然的静思最能舒松身心，而且可以充实性灵，强化生存意志。

欧洲自古以来孕育出许多举世闻名的哲人、诗人、音乐家、艺术家，分析起来，这与他们的生活早已和森林结合在一起有关。森林可陶冶人们的性灵，激发思考灵感，对启发人们的知性、感性助益颇大。所以懂得享受森林浴的人，走一趟山岭森林，或遐思，或静静体验大自然的奥妙，不但肢体运动了，心里的启示也丰盈了，那种喜悦和畅快的感受，不曾享受森林浴的人是无法领会到的。